ESG、SDGs経営に必携!

図解!
ダイバーシティ
の教科書

『プレジデント ウーマン』編集長
木下明子
Kinoshita Akiko

プレジデント社

まえがき

私は、香川県の小豆島《しょうどしま》という離島で生まれました（戦後に映画化で大ヒットした『二十四の瞳』という小説の舞台になったところですが、最近だと、映画『八日目の蟬』の舞台や『魔女の宅急便』のロケに使われました）。

私の母は、大学卒業後、ずっと地元の高校の数学教師として定年直前まで勤めており、私を出産した際は育休も時短もない時代で、産休８週のみでフルタイム復帰。近居していた祖母が毎日通って来て、家事育児をやっておりました。

それでも手が回らなかった一時期は、掃除洗濯をしてくれる通いのお手伝いさんを雇っていました。女性は結婚退職が当たり前だった時代ですから、当時としては本当にレアだった完全共稼ぎ家庭で、私は育ちました。

しかしながら私は、生まれつき体力に恵まれず、睡眠時間は、平日で最低8時間、できたら9時間。休みの日は10時間。20代の頃に「こんなんじゃ人生で使える時間が短くなる！」と思って、７時間睡眠で１週間頑張ってみたら、土曜日に体調をくずしてしまいました。

性格的には基本、怠け者。特に体力的にしんどいことや非効率なことは大嫌いなのです。根性論などどれだけ言われても、左右どちらの耳にも入りません。こんな私ですが、編集長職と超適当な母親業を、おおむね楽しく兼務しておこなしております。

２０１４年、ビジネス誌『プレジデント』編集部の副編集長だったとき、40歳で長女を出産（娘は現在、８歳です）。そして、２０１８年に、『プレジデント』の女性版として創刊して3年目の『プレジデント ウーマン』の二代目編集長に就任しました。日々働く女性たちに向けて、雑誌やオンラインのコンテンツを作成する傍ら、女性活躍を中心とするダイバーシティ関連の研修や講演などを依頼されるようになりました。

取材で得た働く女性たちのリアルな声や20万人近いオンラインの読者調査をもとに、経営者から女性社員、大学生まで、さまざまな方々に向けてお話しさせていただきますが、特に人事など窓口の方と打ち合わせをしていると、企業が取り入れている両立制度や、マネジメント、また何のためにダイバーシティの教育をやるのかといった点で違和感を覚えることが増えていきました。

日本はここ10数年、国を挙げて女性活躍を進めてきました。それは一定の成果を生み、結婚や出産だけを理由に退職する女性は激減しました。『プレジデント ウーマン』もまた働く女性が激増する中で「『プレジデント』の女性版が読みたい」という女性たちからの強い要望で2015年に創刊となったのです。

しかし世界に目をやると、各国の男女格差を数値化した日本のジェンダーギャップ指数は2022年、146カ国中116位。ここ数年、どんどん下がり続け、韓国やUAEにも抜かれている状況です。理由は、政治とビジネスの世界における女性リーダー比率が、あまりに少ないことです。世界は、もっと早いスピードで先に進んでいるのです。

私は、2003年に、一度会社を退社し、カナダ（2022年ジェンダーギャップ指数25位）の大学院に留学しています。そのとき、同級生のカナダ人に、「日本はまだ大卒でも専業主婦になる人が多い」と話したら、「主婦になりたいのに、なんでわざわざ高いお金を払って大学に行くの?」と真顔で聞かれました。その後、中国（2022年ジェンダーギャップ指数102位）の企業でインターンシップをしていましたが、もともと共稼ぎがスタンダードの中国は、地域差はあるものの、都市部の大卒以上の女性であれば、キャリアアップのために両親に乳幼児の子供を託し、海外留学することも珍しくありませんでした（私もカナダで中国人に間違えられ、「子供は母国にいるの?」と聞かれたことがあります）。中国人の場合、当時はまだ海外留学へのハードルが欧米人や日本人より高かったこともあり、夫婦であればチャンスをつかんだほうに将来を託し、留学させる文化があったのです。

私の留学からは、すでに20年近く経ちましたが、その間に、女性活躍をはじめいろいろな意味で、むしろ日本はどんどん世界から取り残されていると感じます。

とどまることを知らない少子化に加え、急速に進む円安とＧＤＰの低下、30年ぶりの物価上昇局面にもかかわらず、所得が大きく上がる兆しは見えず、日本の急激な国力低下が危ぶまれています。

私が長年インタビューや書籍を担当してきた、世界三大投資家の一人であるジム・ロジャーズ氏は、日本の「月まで届きそうな債務額」の増大、世界一のスピードで進む少子化高齢化、保護主義（移民を受け入れない、存在価値が薄れたゾンビ企業を延命させる、規制緩和をしない）などが20年後に日本を滅ぼす、と語っています（『世界大異変――現実を直視し、どう行動するか』東洋経済新報社刊より）。

まさに今、グローバリゼーションが逆回転し、経済のブロック化が進み、国際情勢もどんどん不安定になっていく中で、資源を持たない日本の武器は、優秀な人材以外にありません。

日本において女性の労働参加率が男性並みになれば、2030年までの労働力はほとんど減少しないといわれています（OECD『男女間の格差と労働力による分析』2012年より）。その意味でダイバーシティは、まさしく今後の日本経済の行く末を担う大切な戦略となっているのです。

女性がライフイベントを超えて、企業の中で長く働き続けることは可能になりました。けれども、一刻も早くもっと先に進んでいかなければいけないのです。日本におけるダイバーシティ戦略の本番は、ここからなのですから。

では次なるステージに行くために、必要な知識と本当に地に足のついた施策は何か。

日本唯一の働く女性向けビジネスメディアとしての知見や調査、スーパーウーマンとは程遠いのに、管理職を楽しんでやっている私自身の経験も含めて、その施策について本書では真剣かつリアルに考えていきたいと思います。

第1章では、ESG、SDGs経営も踏まえ、最新のダイバーシティ動向について、各種制度改正なども含め経営者や人事が知っておくべき知識や施策について解説します。

第2章では、女性部下をはじめとした多様な人材が能力を発揮できるようにマネジメントできる、次世代リーダーを目指す方に役立つ情報を盛り込んでいます。

第3章では、20代からのキャリアデザイン教育の必要性について、最新調査を含めて解説しています。

また第4章では新任管理職もしくは管理職候補の女性が留意しておくことについて述べています。

最後の第5章では、ライフイベントと仕事との両立について、私自身の経験も踏まえた仕組みのつくり方やキャリアの上手な温存の仕方などをご紹介します。

どの章から読んでいただいても差しつかえない構成になっておりますので、関心のある章だけでもぜひ読んでいただき、少しでもお役に立てましたら幸いです。

図解！　ダイバーシティの教科書●目次

第2章
女性活躍は上司のマネジメントにかかっている　63

第4章 新任管理職と管理職候補の女性が考えておくべきこと

第5章 無理のないライフイベントとの両立と復帰マニュアル 149

第1章
経営戦略としてのダイバーシティとは

企業におけるダイバーシティの一番の目的は何か

なぜダイバーシティ（多様性）経営を推し進めなくてはいけないのか？　御社の役員や上級管理職にそう尋ねたら、どんな答えが返ってくるでしょうか。

「男女平等が叫ばれる時代だから」「女性の意見が強くなったから」「他社もやっているから」「女性に対する人権問題とか、外国もやっているとか、世の中の流れだから」。

もし、こんな答えばかりが返ってくるなら、長い目で見て、御社の先行きは、かなり厳しいものになるでしょう。私は日本企業においてダイバーシティがまともに進まない最大の問題は、ここだと思っています。

もちろん中東や南アジア、アフリカなどの一部の国における女性の人権問題、日本においても女性に対するドメスティックバイオレンスやシングルマザーの貧困などは深刻な社会問題ですから、そこは絶対に改善していかなければなりません。

しかし、少なくとも企業におけるダイバーシティの目的は、そこだけではありません。何のために女性活躍を進めるのか、なぜ今の日本と日本企業に多様性が大切なのか、ここが腑に落ちていない方、また、腑に落ちたいとすら思っていない方が多いから、日本の女性活躍をはじめとするダイバーシティは進まないのです。

この章では、経営戦略としてのダイバーシティ、特に日本における最大の課題である女性の活躍について、ご説明したいと思います。

日本は女性活躍について世界から取り残されている

まず女性活躍における日本の現況を見ていきましょう。２０１３年、故・安倍晋三首相が率いる政権は、いわゆるアベノミクスの３本の矢である「成長戦略」の一つとして、女性活躍を掲げ、２０２０年までに指導的な地位につく女性を30%まで増やすと宣言しました。それにともない、２０１６年に女性活躍推進法が施行されました。

その結果、各種制度や保育園の整備など、女性を取り巻く状況は、ある程度改善され、女性の就労率そのものは海外主要国と同じレベルに増えました。ただ２０２２年現在でも、働く女性の約半数を非正規労働者が占めており、管理職比率となると、安倍政権が掲げた目標には遠く及ばず、いまだ主要国最低レベルのままです（図1）。

また、女性役員も以前に比べると着実に増えてはいますが（図2）、やはり世界の主要国と比較すると、最低レベルです（図3）。

こういった経済分野における女性活躍の遅れに加えて、政治分野における遅れが追い打ち

図1　就業者に占める管理職の女性割合（国際比較）

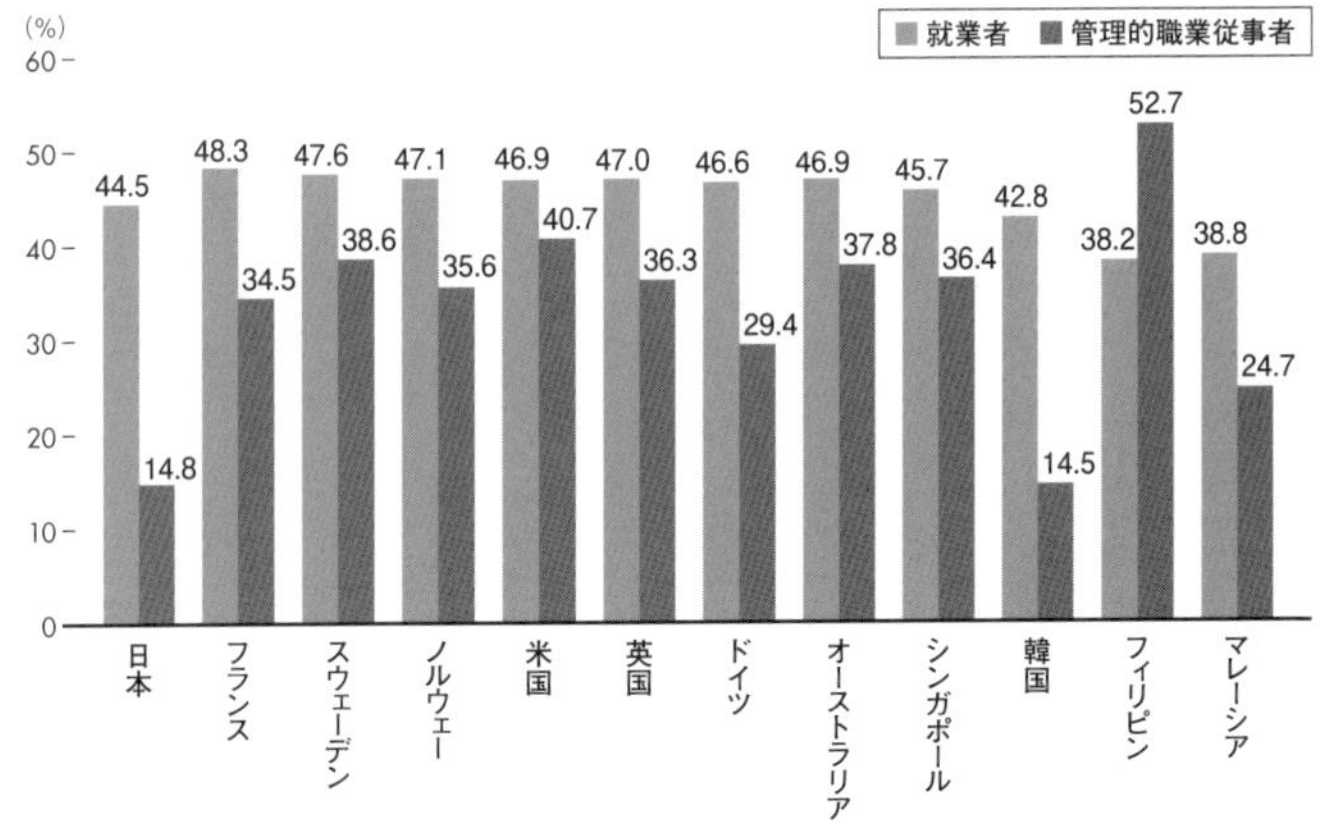

備考／ 1.総務省「労働力調査（基本集計）」、その他の国はILO“ILOSTAT”より作成。2.日本は令和元年の値。その他の国は平成30年の値。管理的職業従事者就業者 3.総務省「労働力調査」では、「管理的職業従事者」とは、就業者のうち、会社役員、企業の課長相当職以上、管理的公務員等。また、「管理的職業従事者」の定義は国によって異なる。

図2　上場企業の女性役員数の推移

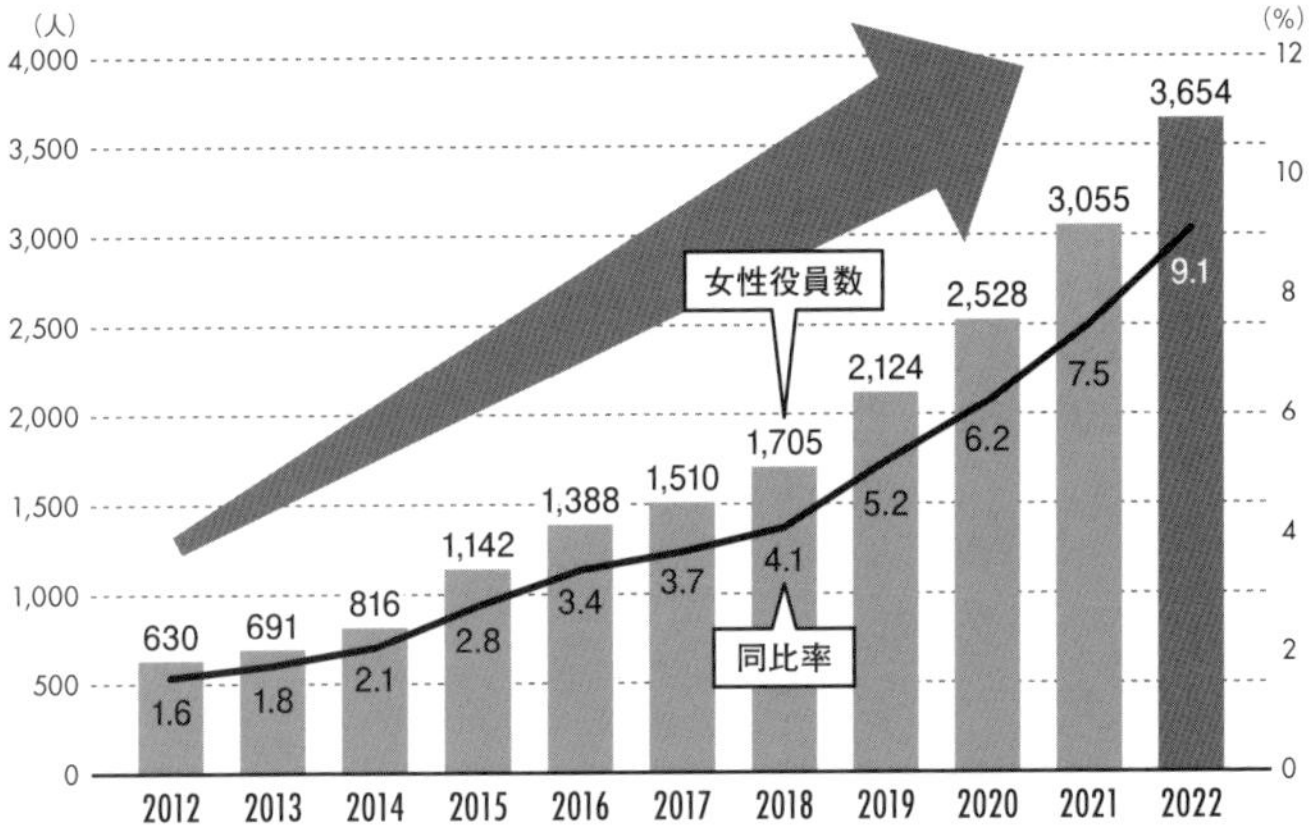

備考／調査時点は原則として各年7月31日現在。調査対象は、全上場企業。「役員」は、取締役、監査役及び執行役。
出典／東洋経済新報社「役員四季報」

図3　主要国の女性役員比率

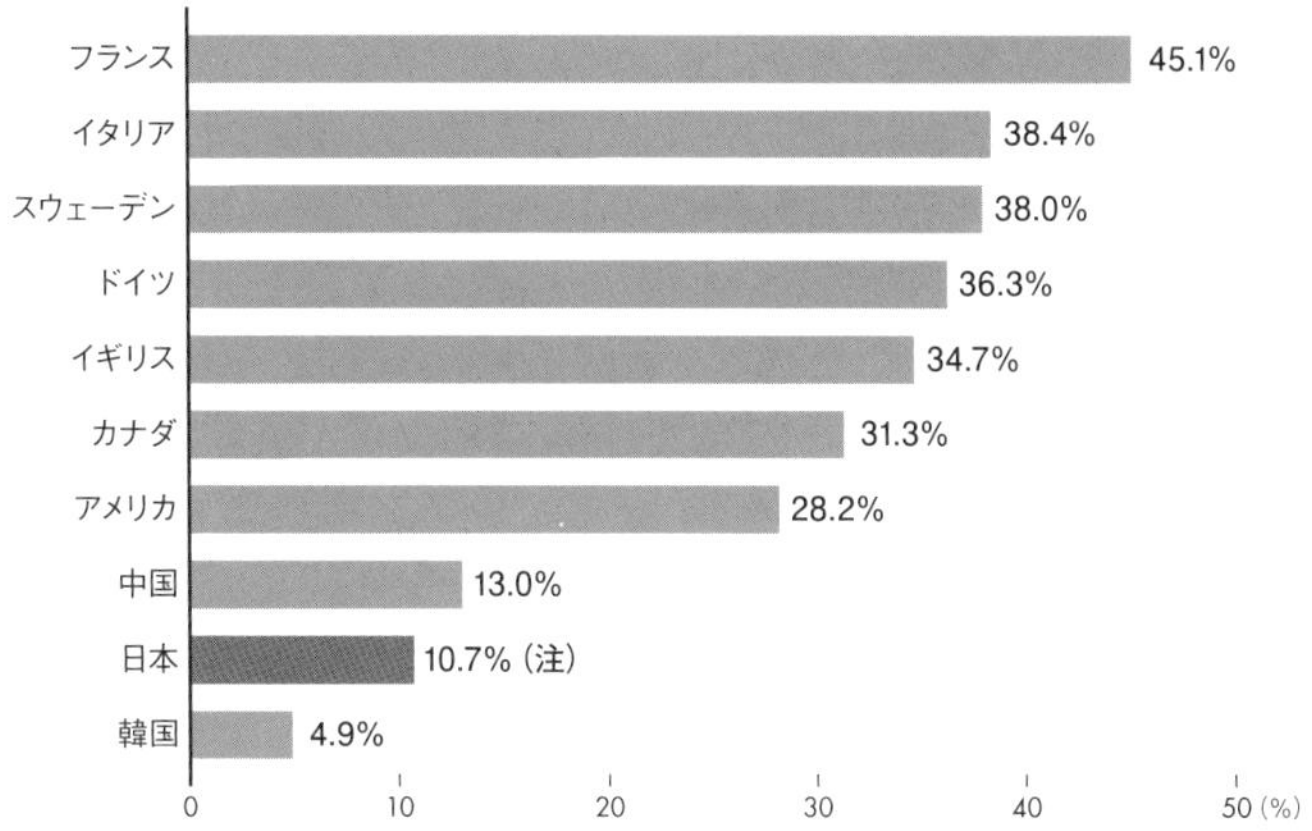

備考／EUは、各国の優良企業銘柄50社が対象。他の国はMSCI ACWI構成銘柄（2700社程度、大型、中型銘柄）の企業が対象。注：2021年7月時点の全上場企業役員に占める女性の割合（7.5%）は東洋経済新報社「役員四季報」より算出。
出典／OECD"Social and Welfare Statistics" 2020年の値。

をかけたことで、日本のジェンダーギャップ指数は、２０２１年１５６カ国中１２０位、そして２０２２年は１４６カ国中、１１６位。先進国最低どころか、日本より下は、ほぼ中東や南アジアの国々しか見当たらないという惨状です（図４）。

日本の女性活躍は一定の歩みで進んではいますが、世界はもっと恐ろしいほどのスピードで動いているということです。

ダイバーシティ経営の４つの効果

では、女性活躍をはじめとするダイバーシティが進まないことの何が、企業にとってそれほど問題なのか。冒頭で述べた通り、企業におけるダイバーシティの本質は、人権問題

図4　ジェンダーギャップ指数ランキング 2022

1	アイスランド
2	フィンランド
3	ノルウェー
4	ニュージーランド
5	スウェーデン
6	ルワンダ
7	ニカラグア
8	ナミビア
9	アイルランド
10	ドイツ
25	カナダ
27	米国
68	アラブ首長国連邦
99	韓国
102	中国
116	日本
120	チュニジア
130	クウェート
142	チャド
143	イラン
144	コンゴ民主共和国
145	パキスタン
146	アフガニスタン

出典／世界経済フォーラム「The Grobal Gender Gap report 2022」

だけではありません。ダイバーシティ経営とは「多様な人材を生かし、その能力が最大限発揮できる機会を提供することで、イノベーションを生み出し、価値創造につなげていく経営」のことです。つまり変化が激しく、多様化していくマーケットで勝ち抜くためには、より消費者に近い多様な人材の視点を生かすことが大切なのです。

そのためには、組織の多様性を高めるだけでなく、そこに属する人が個人として尊重されながら、構成員の一人として、その違いを生かし、認め合い、組織が一体となって、それぞれの力が発揮できるように積極的に環境整備や働きかけを行っていくという「ダイバーシティ&インクルージョン（D&I）」の実現が必要となってきます。インクルージョンとは、日本語で包摂性などと訳されますが、これは、まさに「多様な従業員がそれぞれを認め合い、各々の個性を生かした企業活動が行われている状況」を指します。

今の日本企業にありがちなパターンはこうです。多様な人材はいてかまわない。しかし、24時間会社に捧げるような昭和な男性たちと同じ働き方ができない人や違う考え方を持つ人は上に上がりにくいし、働きやすくもない。これでは中長期的に見て、力を合わせてイノベーションを起こしてビジネスで勝ち抜き、利益をあげることは難しいということです。

最近では、D&Iからさらに進んで、「ダイバーシティ・エクイティ&インクルージョン（DE&IもしくはDEI）」という言葉も使われています。エクイティとは、日本語で公平性などと訳されますが、平等（Equality）ではなくて、公平（Equity）であることがポイントです。この二つは似て非なる意味を持ちます。平等というのは、それぞれの置かれた状況を考慮せず、同じツールや資源を与えて評価すること。対して公平とは、一人一人の状況に合わせた資源やツールを用意し、誰もが成功する機会を与えることです。本気でダイバーシティを推進するに当たって、ここは非常に大事なポイントとなります。平等よりも公平性を保つことに注力しなくては、多様な人材が真価を発揮することは不可能なのです。

この後、各種データとともに事例を挙げていきますが、図5が示すように、ダイバーシティはイノベーションを起こすために必要で、誰もが実力を発揮できる職場環境の整備がなさ

図5　ダイバーシティ経営の4つの効果

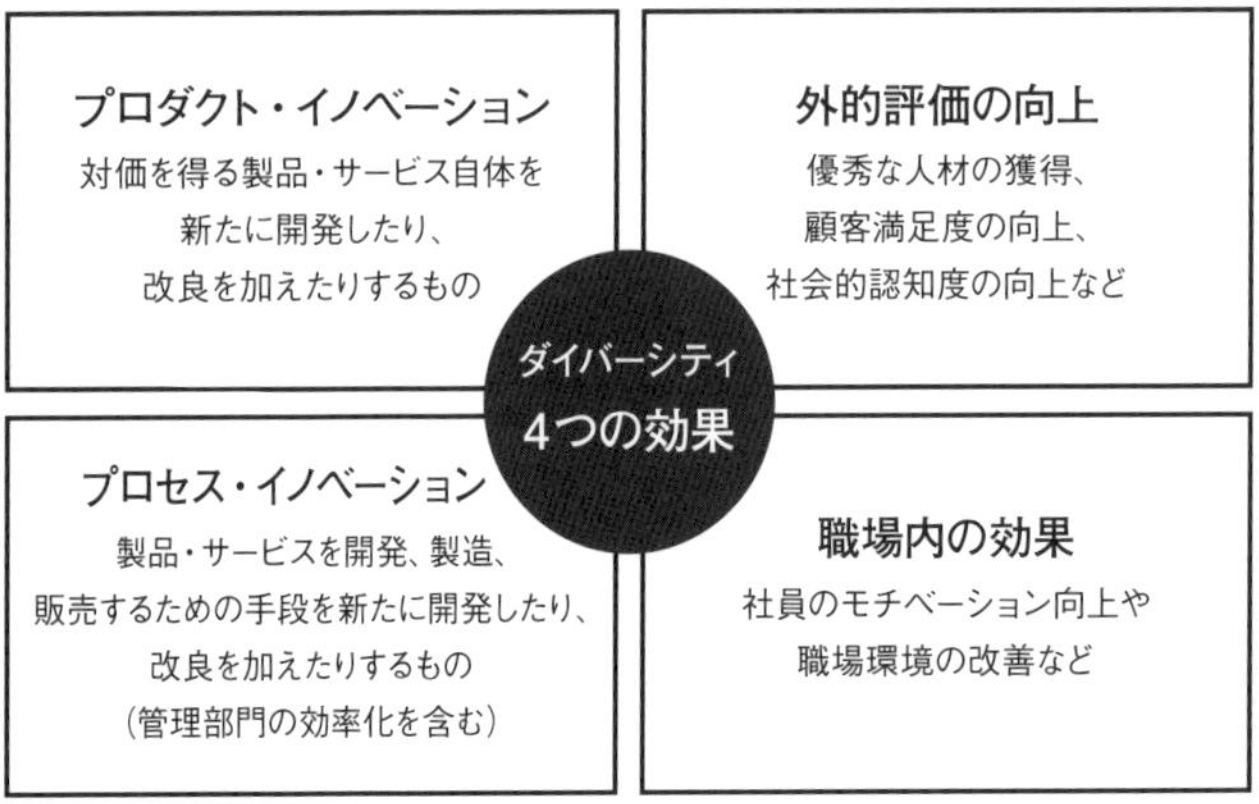
プロダクト・イノベーション
対価を得る製品・サービス自体を
新たに開発したり、
改良を加えたりするもの
外的評価の向上
優秀な人材の獲得、
顧客満足度の向上、
社会的認知度の向上など
ダイバーシティ
4つの効果
プロセス・イノベーション
製品・サービスを開発、製造、
販売するための手段を新たに開発したり、
改良を加えたりするもの
（管理部門の効率化を含む）
職場内の効果
社員のモチベーション向上や
職場環境の改善など

出典／経済産業省

れて初めて働きやすい環境が整う。その結果、機関投資家や外部評価機関、消費者の目、そして採用などにおいて、外的な評価の向上がついてくるということです。

女性活躍が進んでいる企業は業績がよい

では、いわゆるＤ＆Ｉ、女性活躍先進企業は、本当に生産性が高いのでしょうか？

男性と同じように制限なく働ける覚悟があって優秀な女性であれば、どんどん昇進して活躍してもらっていいが、出産などライフイベントを予定していて時間の制約があるような女性を無理に活躍させると、会社の業績が落ちてもしょうがない、あるいは現場の負担

図6　企業の業績と女性役員の比率

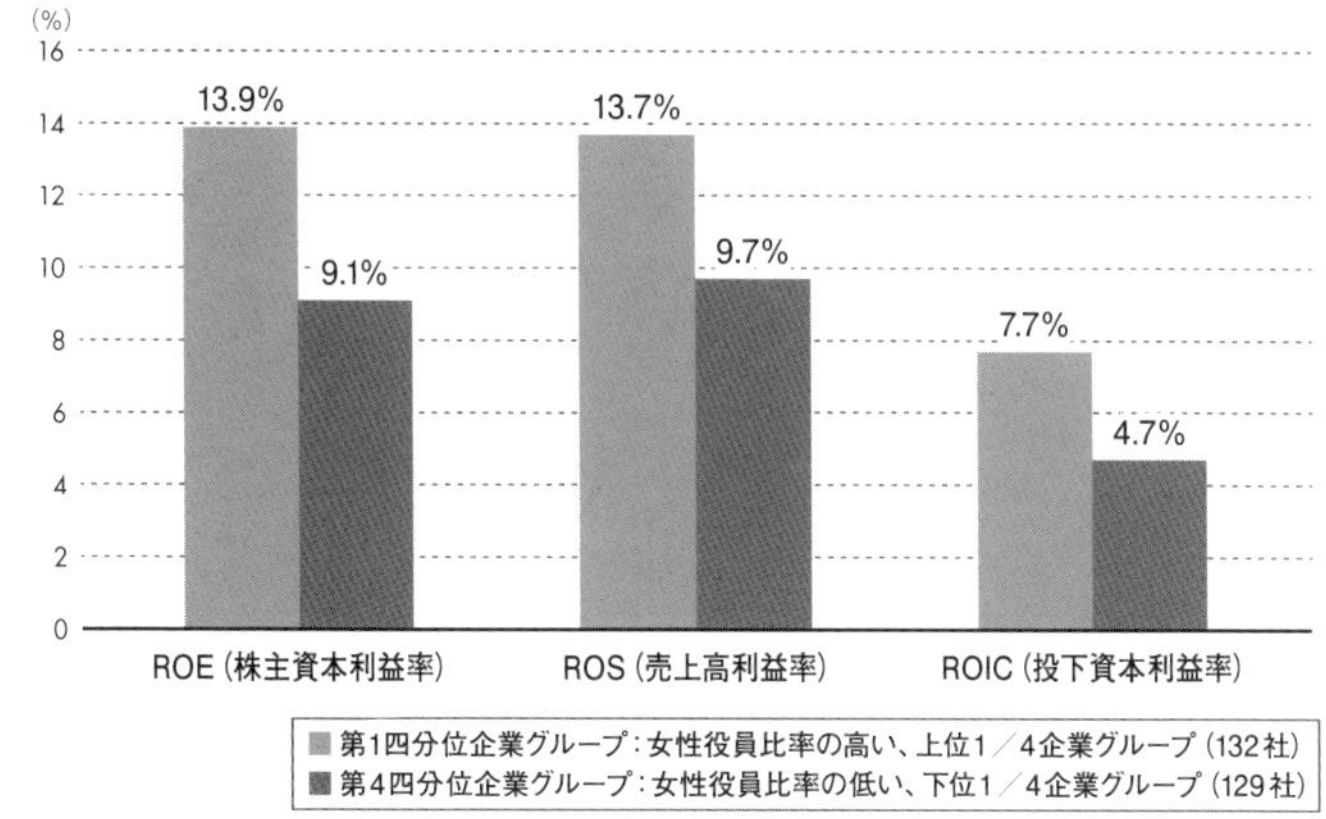

注：ROE、ROS、ROICデータは、2001～2004年の平均値。役員数は2001年及び2003年。「フォーチュン500」企業（520社）を対象。
出典／Catalyst「The Bottom Line : Corporate Performance and Women's Representation on Boards」(2007)

が増えるだけ。いまだにこんなことを言う人は日本企業の中に少なからずいます。

まずは、**図6**をご覧ください。世界的に見ても、女性役員がいる企業のパフォーマンスは平均して高いのです。ROE（株主資本利益率）、ROS（売上高利益率）、ROIC（投下資本利益率）のすべてにおいて高い水準を示しています。

日本においても、女性の活躍推進に積極的に取り組んでいる企業（均等推進企業表彰企業）は、株式パフォーマンスがTOPIX平均を上回る水準で安定して推移しています（**図7**）。また、女性活躍を支援している、なでしこ系企業かつ両立支援企業ほど、ROA（総資産利益率）などのパフォーマンスは高くなります（**図8**）。

図7　均等推進企業表彰銘柄の対TOPIX超過累積リターン（平均値）

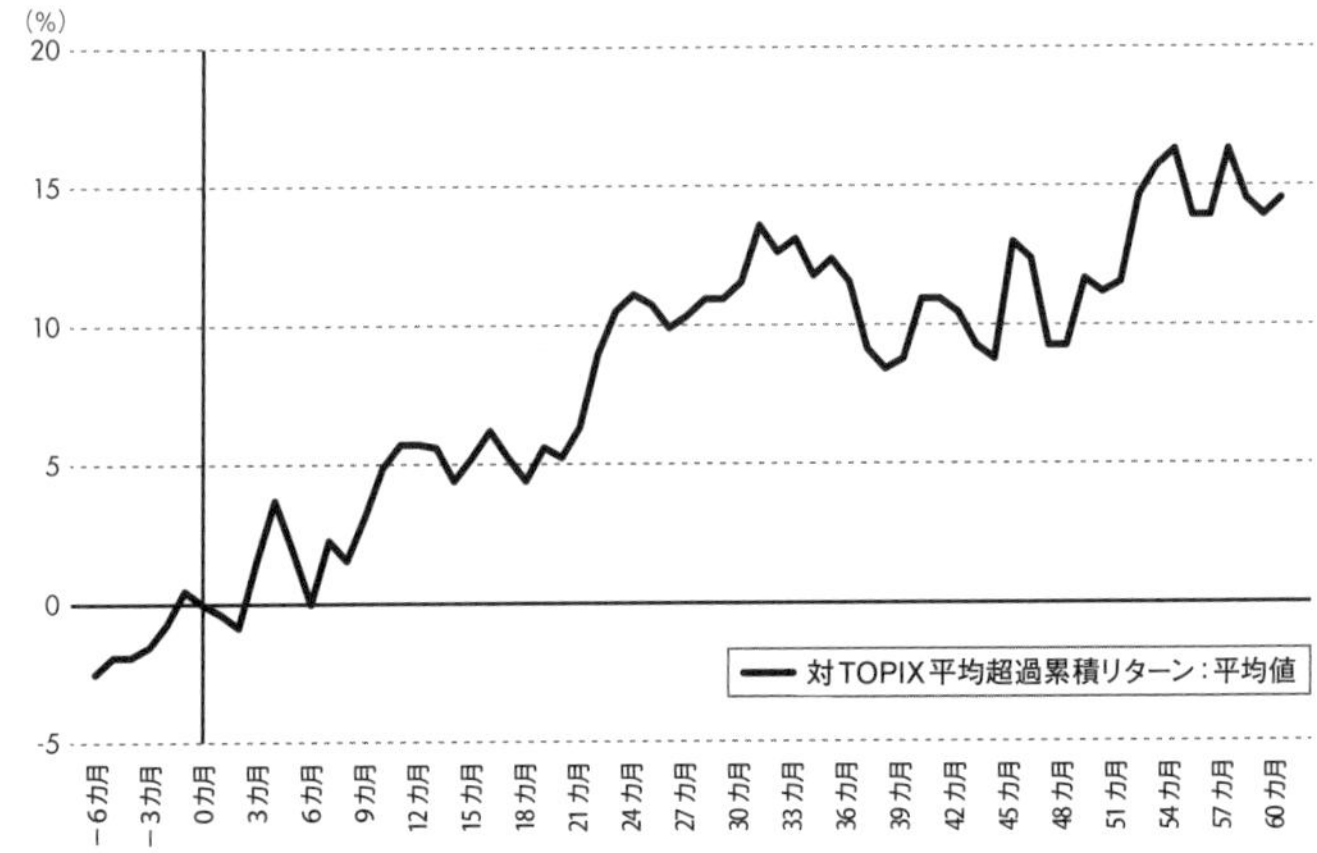

備考／厚生労働省（「均等・両立推進企業表彰（うち、均等推進企業部門及び均等・両立推進企業表彰。平成18年度までは均等推進企業表彰。）」の受賞企業（表彰月の月末に上場していた152企業））及び東証データをもとに作成。
出典／大和証券キャピタル・マーケッツ㈱金融証券研究所「クオンツ情報」2011年6月14日

図8　女性活躍と両立を支援する企業ほどROAは高い

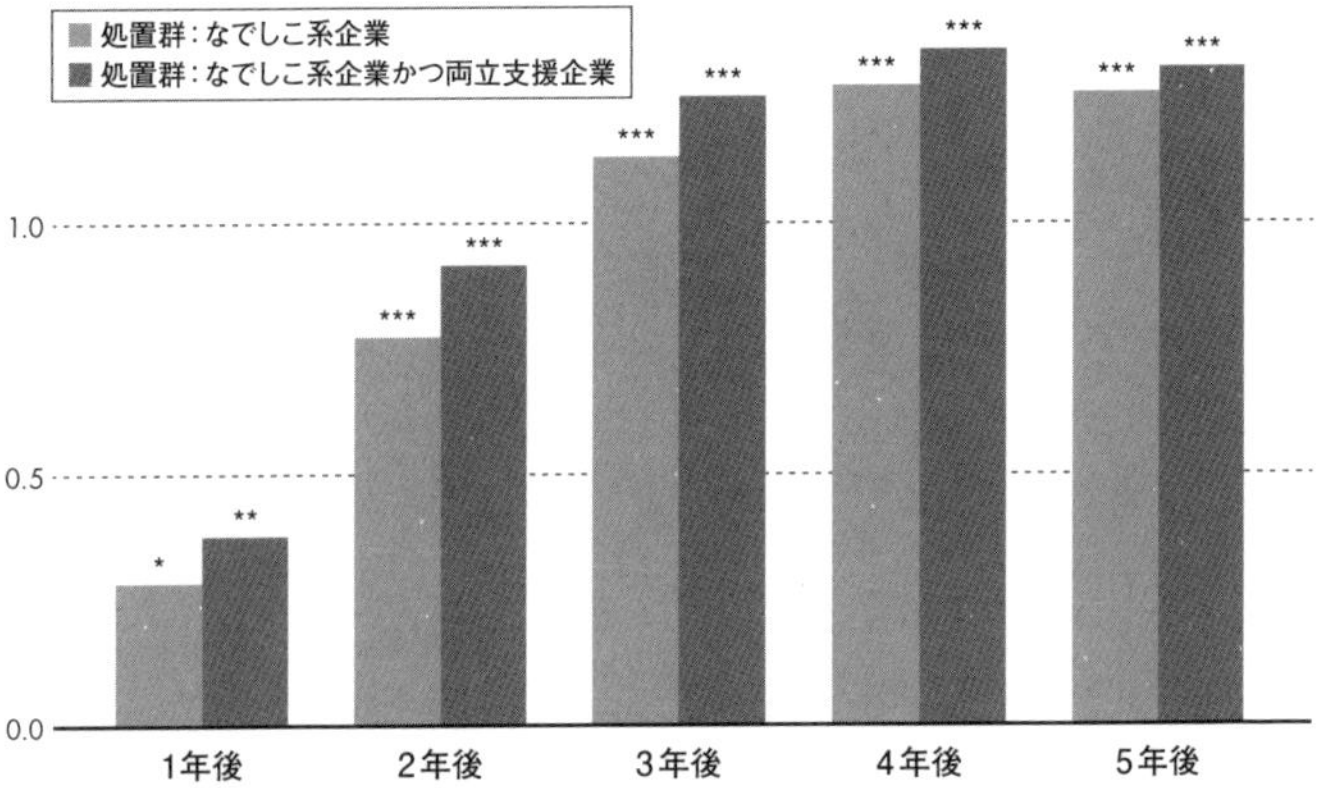

注1：左側は処置群：なでしこ系企業、対照群：それ以外の企業。　注2：右側は処置群：なでしこ系企業かつ両立支援企業、対照群：それ以外の企業。　注3：平均処置効果（Average Treatment Effect（ATE））を用いた。　注4：*** は1%有意水準、** は5%有意水準、* は10%有意水準を満たす。
出典／大和総研「因果推論による「なでしこ系企業」の真の実力」（2019年）

図9　WLBに対する取組と粗利益率の関連（「何もしない型」の粗利益率を1とした場合）

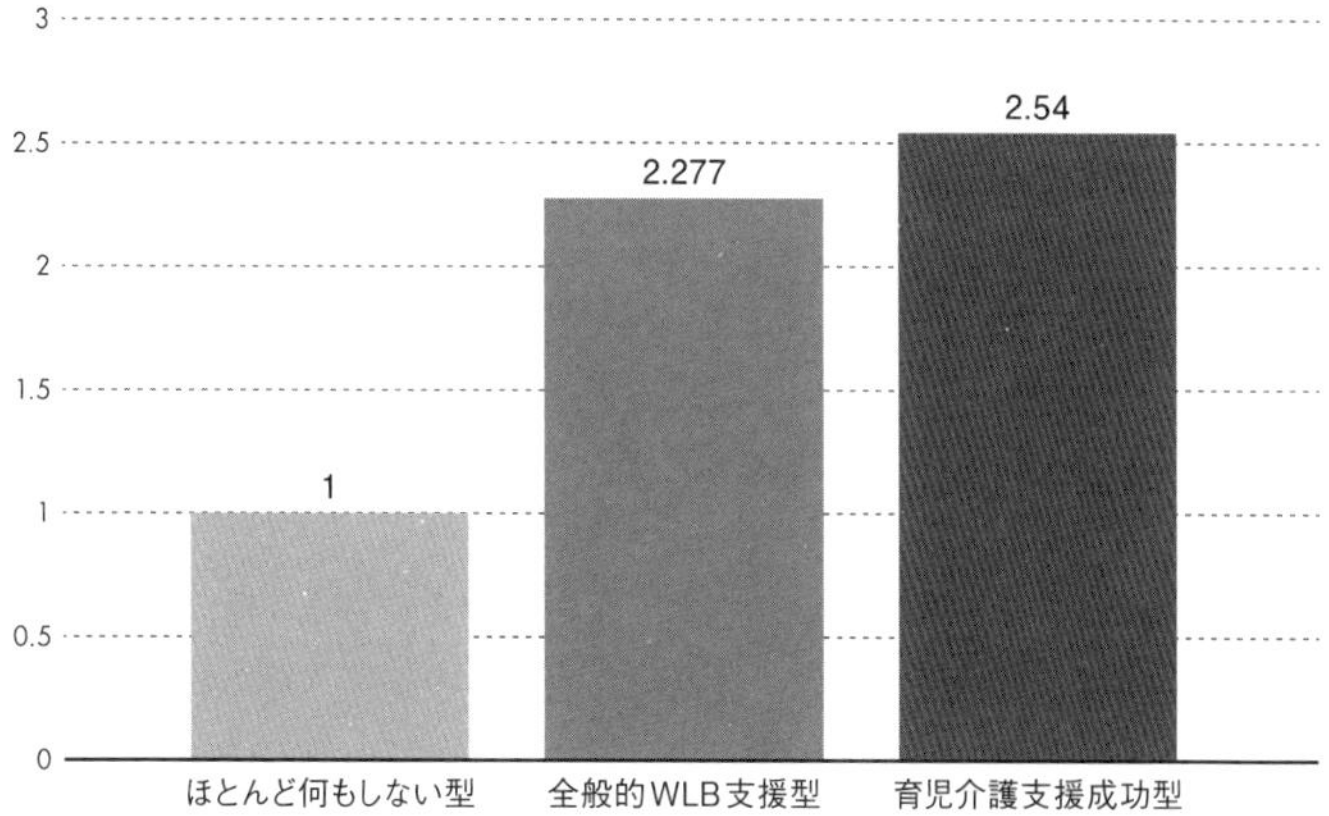

出典／経済産業省資料　○「育児介護支援成功型」＝「育児介護支援」が生産性にどう影響を与えたかについて、人事担当者の評価により「成功型」「無影響型」「失敗型」に分類。「成功型」は、人材活用のために取り組むという意識が高く、推進本部の設置等積極的な取組を行う企業が多い。○「全般的WLB推進型」＝「法を超える育児介護支援」と「雇用者が柔軟に働ける制度」のどちらも取組度合いの高い企業○「ほとんど何もしない型」＝どちらも取組度合いの低い企業※「仕事と生活に関する国際比較調査」（2009年経済産業研究所）の日本企業データの分析結果の一部を用いて作成（出典）RETI BBL（2011年12月21日）「企業のパフォーマンスとWLBや女性の人材活用との関係:RIETIの企業調査から見えてきたこと」山口一男シカゴ大学教授、RETI客員研究員。

女性活躍に欠かせないワークライフバランス（WLB）施策についても、いまだに失敗だったのではないかと批判する声を聞きますが、むしろ積極的に取り組んでいる企業のほうが、業績はよい傾向にあります（図9）。

ESG投資の広がりで、機関投資家が女性活躍に注目

このような状況を受けて、世界の資本市場や投資家も動いています。

世界の資本市場では近年、いわゆるESG投資が拡大しています。ESG投資とは、非財務情報である、ESG（Environment＝環境、Social＝社会、Governance＝ガバナンス）情報を投資判断に組み込み、長期的なリターンの向上

を目指す投資ですが、このうちS（社会）の中に、ダイバーシティが入っています。

特に年金基金など、大きな資産を超長期で運用する機関投資家を中心に、企業経営のサステナビリティを評価する概念が普及し、リスクマネジメントや、企業の新たな収益創出の機会を評価するベンチマークとして、SDGs（国連持続可能な開発目標）とともに注目されています。

日本でも、投資にESGの視点を組み入れるなどを原則として掲げる国連責任投資原則（PRI）に、日本の年金積立金管理運用独立行政法人（GRIF）が2015年に署名したことで、一気に広がっています。GRIFは、前述のS（社会）の部分で、ジェンダーダイバーシティに関わる指数を採用しています（経済産業省資料より）。

実際、内閣府のアンケートによると、日本版スチュワードシップ・コード（機関投資家の行動規範）に賛成する機関投資家（227社）では、ESG投資について、1兆円以上と回答した機関が3割となりました（図10）。

また同調査の中で、国内に拠点を持つ機関投資家の半数以上が、女性活躍情報を活用していると答えています（図11）。さらに、活用すると答えた投資家の88・7％が、その理由を「企業の業績に長期的には影響があると考えている」と答えており、この割合は、2018年から大幅に増えています（図12）。

図10　機関投資家の大部分はESG投資に注力

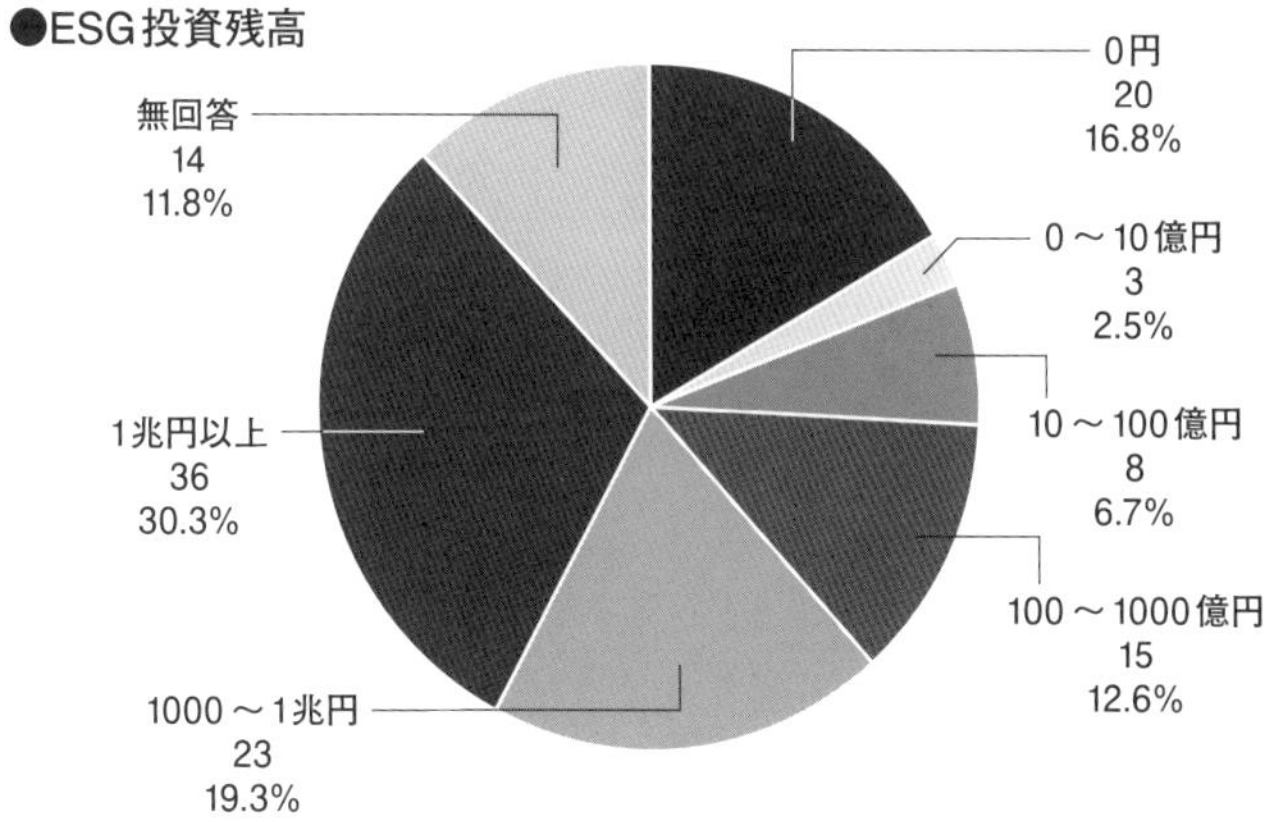

出典／内閣府資料より

図11　投資判断における女性活躍情報の活用状況

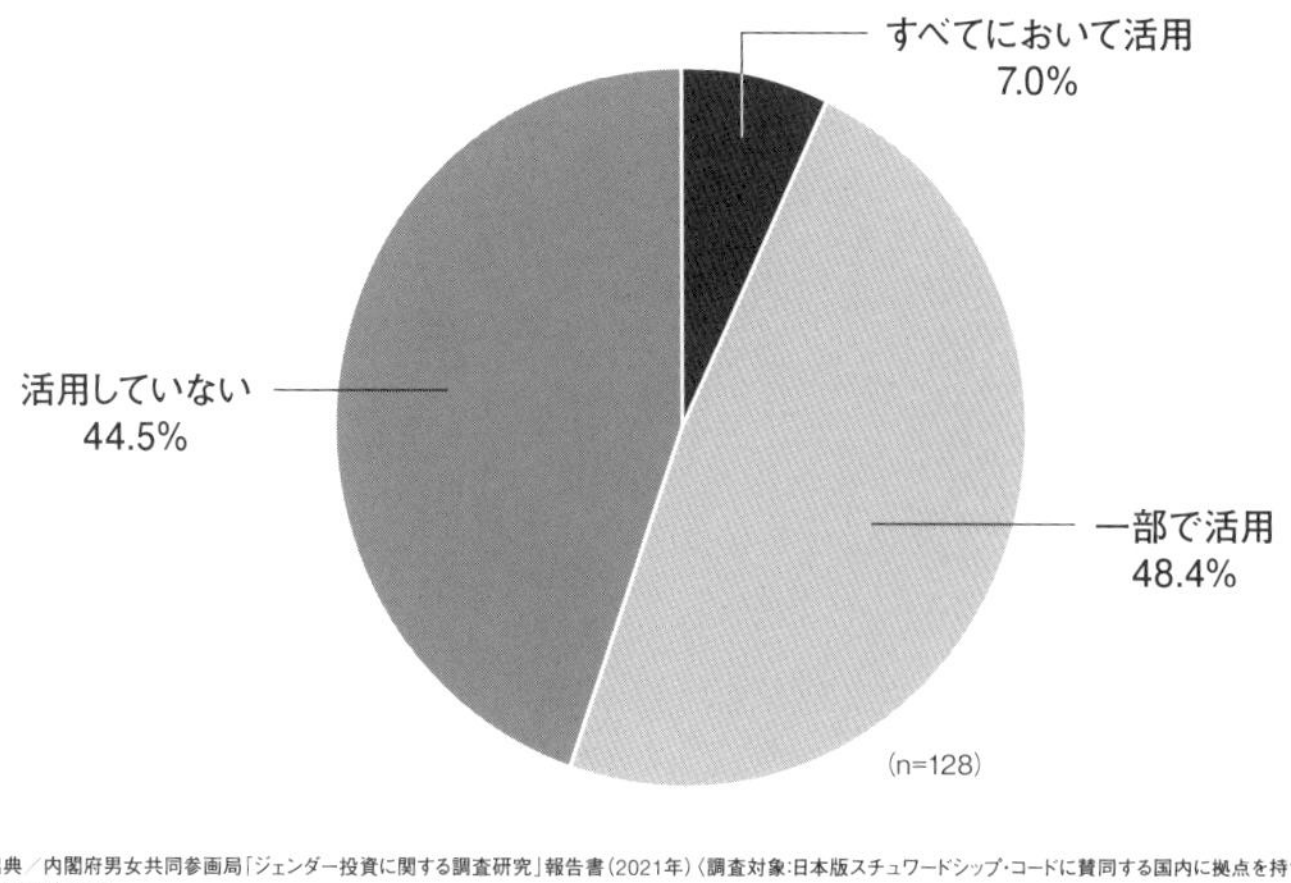

出典／内閣府男女共同参画局「ジェンダー投資に関する調査研究」報告書(2021年)〈調査対象:日本版スチュワードシップ・コードに賛同する国内に拠点を持つ機関投資家等〉

図12　投資判断や業務において女性活躍情報を活用する理由

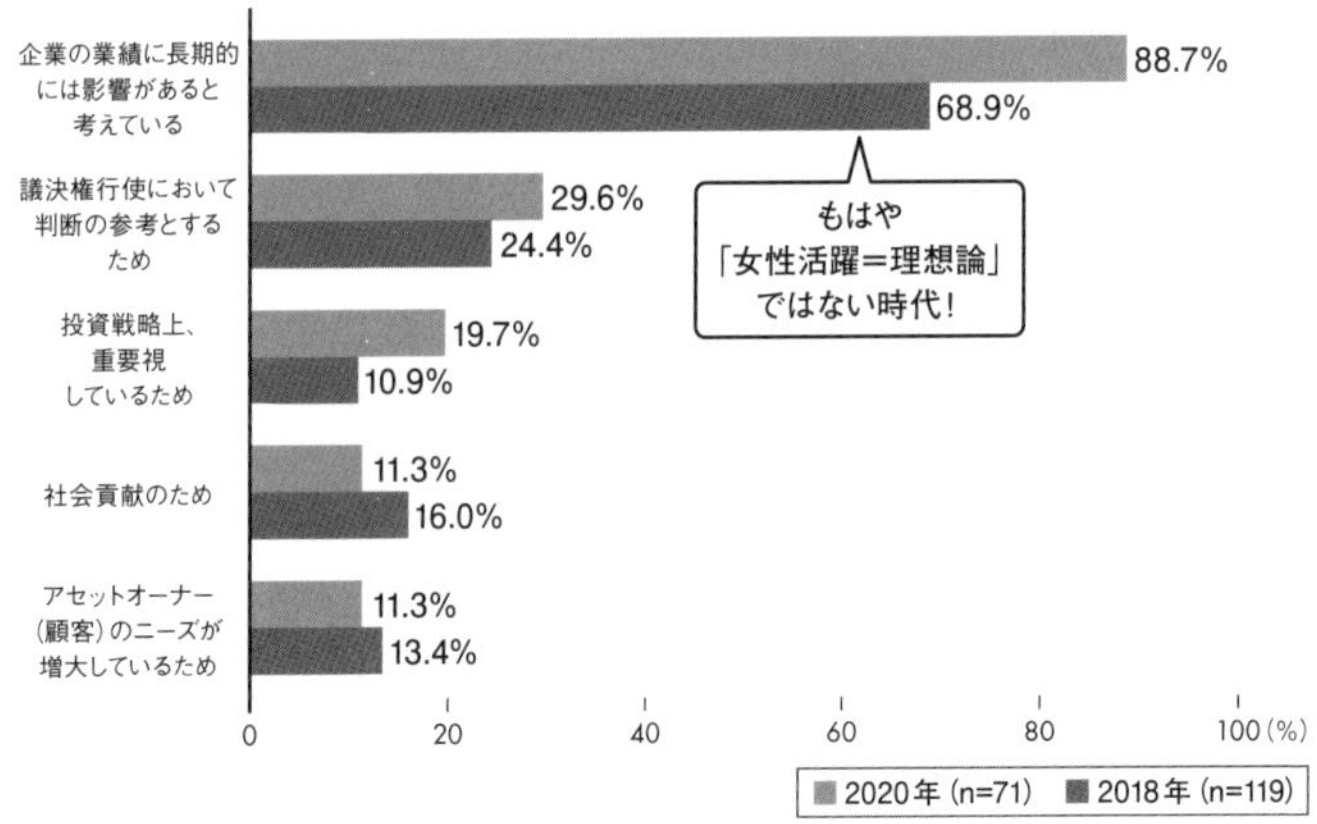

注：2018 年と 2020 年とでは設問構成が異なる。
出典／内閣府男女共同参画局「ジェンダー投資に関する調査研究」報告書（2021年）〈調査対象：日本版スチュワードシップ・コードに賛同する国内に拠点を持つ機関投資家等〉

ダイバーシティが進まない企業＝上場廃止の時代

２０２０年、米国金融大手ゴールドマン・サックス証券が新規株株式公開（ＩＰＯ）の引受会社で、上場を希望する欧米企業に、最低一人の女性の取締役選任を求めました。同社のデービッド・ソロモンＣＥＯは、女性取締役のいる企業は業績がよいことを理由に挙げています。さらに２０２１年からは最低二人の女性取締役を求めています。

こういった動きを受けて、米国をはじめとする金融業界、そして上場企業における多様性確保の義務や罰則規定が世界的にどんどん広がっています。

米国証券取引所のナスダックは、２０２０

年12月、上場企業に対して、「女性、および黒人などの人種マイノリティとLGBTQ+などの性的多様性を含む取締役を少なくとも一人ずつ選任することを義務付ける。不採用の場合、適切な理由を開示しない場合は指摘を行い、原則45日以内に是正が求められる。その後も違反継続の場合は上場廃止とする」方針を明らかにし、2022年8月から適用となっています。

この方針を受け、米証券取引委員会（SEC）は2021年8月「企業に少なくとも二人の多様性に富む取締役を登用する」という上場規則案を承認。二人のうち一人は「女性という自己認識がある者」、あと一人は「過小評価されている社会的少数者（非白人、性的マイノリティなど）」である必要があるとしています。

英国のロンドン証券取引所は「取締役について40％以上を女性。非白人を最低一人、会長、CEO、CFO、上位取締役のうち最低一人は女性とする。適切な開示を実施しない場合は罰金または企業名の公表を行う」としています。

ダイバーシティや女性活躍が進まない企業は、もはや上場廃止になりかねない。この流れは、確実に世界で進んでいます。

コーポレートガバナンス・コード改訂で上場企業に激震が

こういった世界の動きが起こる中、日本も、もはや例外ではありません。

2021年6月に、金融庁と東京証券取引所（東証）による、3年ぶりのコーポレートガバナンス・コード（企業統治指針）の改訂が発表されました。要約は**図13**をご覧ください。3つの柱のうち、②がダイバーシティに関する柱となります。

「女性、外国人、中途採用者の管理職への登用等における、考え方、目標、人材育成方針、社内環境の整備を定める」というものです。罰則については「適切な開示を実施しない場合は、改善を要求し、改善されない状況が続く場合は上場廃止」となり、2021年12月から一部、二部上場企業（現在のプライム、スタンダード企業）に適用されています。

改訂前と比較すると（**図14**）、より具体的な情報開示が要求されていることがわかります。

前述した、スチュワードシップ・コードは、機関投資家の行動規範を表すものですが、対してコーポレートガバナンス・コードは、企業の行動指針を示すものです。

ダイバーシティに対応しない日本企業は、今後、資本市場からますます厳しい目で見られていくことでしょう。

図13　2021年コーポレートガバナンス・コードの改訂の主なポイント

1 取締役会の機能発揮

- プライム市場上場企業において、独立社外取締役を3分の1以上選任（必要な場合には、過半数の選任の検討を慫慂）
- 指名委員会・報酬委員会の設置（プライム市場上場企業は、独立社外取締役を委員会の過半数選任）
- 経営戦略に照らして取締役会が備えるべきスキル（知識・経験・能力）と、各取締役のスキルとの対応関係の公表
- 他社での経営経験を有する経営人材の独立社外取締役への選任

2 企業の中核人材における多様性の確保

- 管理職における多様性の確保（女性・外国人・中途採用者の登用）についての考え方と測定可能な自主目標の設定
- 多様性の確保に向けた人材育成方針・社内環境整備方針をその実施状況と合わせて公表

3 サステナビリティを巡る課題への取組

- プライム市場上場企業において、TCFD またはそれと同等の国際的枠組みに基づく気候変動開示の質と量を充実
- サステナビリティについて基本的な方針を策定し自社の取組を開示

出典／金融庁HPより

図14　改訂後のガバナンス・コードで求められるのは「具体的な情報開示」

改訂前

【原則 2-4. 女性の活躍促進を含む社内の多様性の確保】

上場会社は、社内に異なる経験・技能・属性を反映した多様な視点や価値観が存在することは、会社の持続的な成長を確保する上での強みとなり得る、との認識に立ち、社内における女性の活用促進を含む多様性の確保を推進すべきである。

改訂後

【補充原則 2-4①】

上場会社は、女性、外国人、中途採用の管理職への登用等、中核人材の登用等における多様性の確保についての考え方と自主的かつ測定可能な目標を示すとともに、その情報を開示すべきである。

また、中長期的な企業価値の向上に向けた人材戦略の重要性に鑑み、多様性の確保に向けた人材育成方針と社内環境整備をその実施状況と合わせて開示すべきである。

出典／金融庁資料より

「同質性組織における集団浅慮」の恐るべき罠

世界の投資家がダイバーシティを重視する方向に進んでいる理由は、他にもあります。ダイバーシティが進まない企業には経営上、大きなリスクがあるのです。

イギリス・リーズ大学の研究によると、女性管理職が一人以上いる企業は、ガバナンスを強化でき、破綻確率を20％低下させるというデータがあります。社会的通年上、どうしても上にならえになることが多い男性と違って、保身に走りにくいといわれる女性の資質が組織のガバナンスに貢献していると考えられます。ダイバーシティ経営のパフォーマンスの利点だけでなく、男性しかいないような企業に投資していたら、何かあった場合、投資家も大きな損失をこうむりかねません。ですから、女性活躍が進まない企業には、下手に投資できないというわけです。プレジデント総合研究所顧問・相模女子大学大学院特任教授の白河桃子氏によれば「イギリスでは、政府系調達などのプレゼンメンバーに女性がいないだけで門前払いとなる状況になっている」そうです。

これは何も女性だけの問題ではありません。「『中高年だけ』『高学歴の白人だけ』といった、いわゆる同質性の高い組織では、集団浅慮（グループシンク）という現象が起きやすくなり、これを同質性のリスクと呼んでいます」と白河氏は語ります。これは集団的意思決定の研究で有名なアメリカの心理学者、アーヴィング・ジャニスにより1972年に提唱された概念です。つまり組織・集団の意思決定において、同質性の高い組織では集団の実力が過大評価され、結論が正しいかどうかを適切に判断・評価する力が欠如し、結果、個人の総和よりもレベルが低く、リスクの高い結論を出してしまうという「リスキーシフト」が起こりやすくなるのです。

実際、日本でも粉飾決算など組織ぐるみで大きな不正が起こる大企業は、女性取締役そのものがゼロか、形式的な社外取締役のみという企業が多いという指摘もあります。私も不正のニュースを見るたびに「またか」と残念に思いますが、かなりのケースにおいて、取締役は一定年齢以上の男性が占めており、生え抜き女性取締役はゼロなのです。

社外取締役が果たす役割は重要ですし、前述のように、改訂版コーポレートガバナンス・コードの①にも組み込まれています（31ページ図13参照）。

業種的に、女性社員、特に40代以上の役員候補の女性社員が極めて少なく、すぐに役員に昇格させられる女性社員が中途も含めてまったくいない場合は、まず社外取締役から採用でもよいと思います（今は、需要過多でそれすらも容易ではありませんが）。ただし、将来的には女性をはじめとしたマイノリティの方もきちんと内部昇格させることが、リスクマネジメントやガバナンスの強化という意味で大切になってきます。

男女の賃金格差開示でわかる企業間ダイバーシティ格差

２０２２年6月に、内閣府から「女性活躍・男女共同参画の重点方針（女性版骨太の方針２０２２）」が出されたことを受けて、同年7月、女性活躍推進法の厚生労働省令が改正され、労働者３０１人以上の企業に対して、男女の賃金差異の公表が新たに義務付けられました。具体的な開示は、事業年度の終了後、おおむね3カ月以内とされていますので、3月決算の会社であれば、２０２３年6月頃までには開示が必要となってきます。

日本における男女の賃金格差は、男性賃金の中央値を１００とした場合、女性の中央値は77・5と、これまた主要国の中でも最低レベルです（図15）。理由の一つは、女性管理職が少ないことです。昇進すれば賃金は上がるケースが多いですから、昇進している女性が少ないと賃金格差は大きくなります。また、女性の多くが、いまだに事務職などどちらかというと補助的な仕事に偏り、男性のほとんどは総合職といった、社内で男女の役割を分けている傾向が強い企業は、もっと厳しい結果が出ると思われます。

ちなみに一般職そのものを廃止したり、元一般職だった女性を総合職にどんどん転換させたりする企業は、ここ20年ほどで激増しています。しかし一般職から転換した場合、何歳であっても、総合職の最低等級か底辺に近いところからスタートといった人事制度の企業がた

図15　日本における男女の賃金格差は主要国最低レベル

●主要各国の男女賃金格差　※各国の男性賃金の中央値を100とした場合の女性賃金の中央値

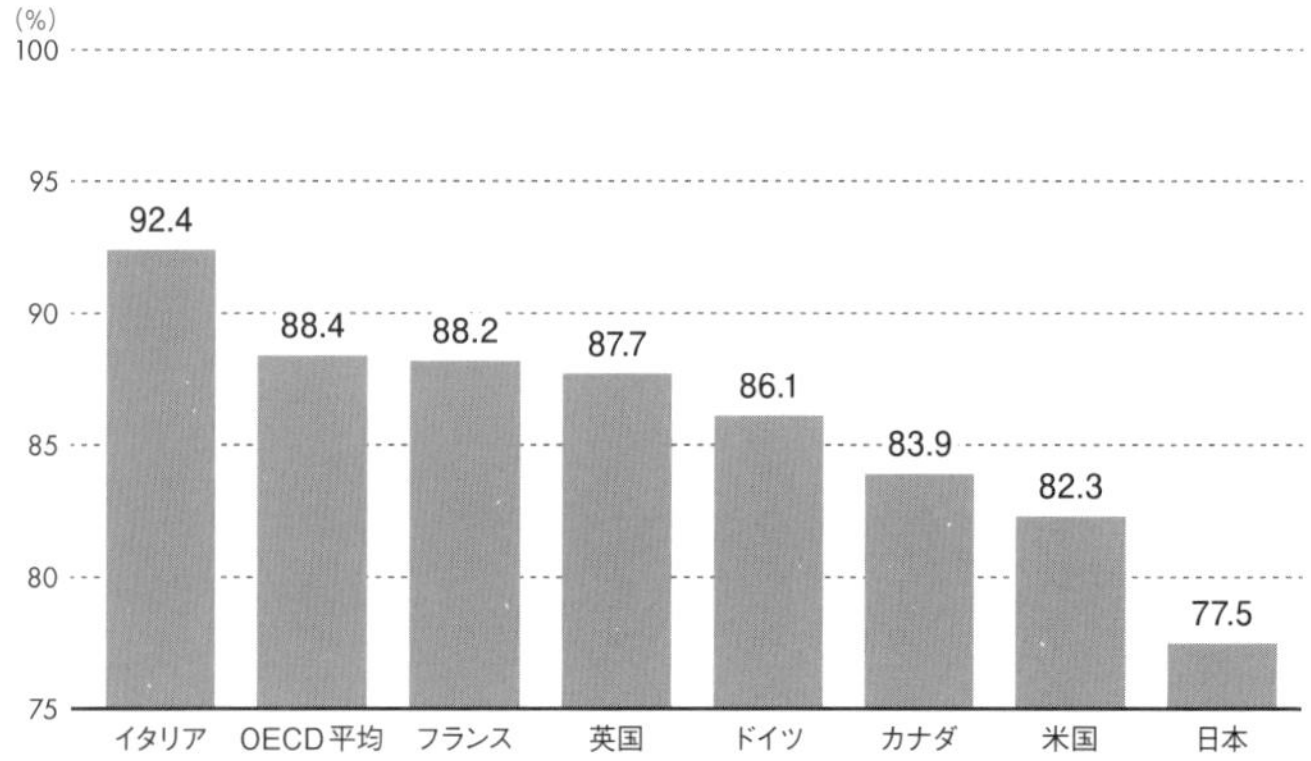

出典／内閣府資料
OECDデータから内閣官房がまとめた資料を基に作成。正規・非正規雇用のフルタイム労働者が対象。日本、米国、カナダ、英国は2020年、ドイツ、イタリアは2019年、フランスは2018円の値。

まにあります。要するに、一般職で40代、50代まできちんと仕事の経験を積んでいても、その評価はまったく関係なく、新卒総合職と同じ等級と給与からスタートしろということです。ちょっと信じられないと思う方もいるかもしれませんが、日本にはこんな企業もいまだに存在するのです。

こういった企業の人事の方から「女性を一般職から総合職に転換しても、昇進適齢等級に達するまでに定年が来てしまうので、管理職比率が全然増えない」という驚愕の（！）ご相談を受けることがありますが、制度を変えない限りどうしようもありません。こういった企業は、即刻人事制度を見直し、根本的に考え方を変えないと、いろいろな意味で今後、大変な状況に陥るでしょう。

女性が「生み出し消費する」巨大市場が見えない男性たち

元ＩＭＦのクリスティーヌ・ラガルド専務理事（現・欧州中央銀行総裁）によると、日本女性の労働力が、ほかのＧ７（イタリアを除く）並みに上がれば、一人当たりのＧＤＰは４％上がり、北欧並みになると、８％も上昇するそうです（２０１２年ＩＭＦＷＰ『女性が日本を救うか？』より）。女性の経済力が上がれば、当然ながら女性向けの消費マーケットも拡大しますので、女性マーケットに向けてイノベーションを起こし、利益を上げようとする企業が増えていきます。最近よく聞かれるようになったフェムテック企業なども、その一例でしょう。

『プレジデント ウーマン』編集部では、２０２０年から「働く女性のための〝理想のお仕事シリーズ〟」プロジェクトをスタート。読者に対して定性・定量の両面で綿密な調査をしながら、ブランドと一緒に開発したファッションアイテムを販売しています。今のところ、どれも初回ロットはすべて完売といううれしい結果となっています。

第一弾のトフアンドロードストーンとのコラボで企画・販売したバッグ『Awesome（オーサム）』は、本革でパソコンが入る大きさなのに軽いところが支持されて、弊社クラウドファンディングサイトで初回ロットは20時間で完売。合計４２０個程度売れました（販売期間約２・５カ月）。市販では、さらに売れ続けています。

このコラボバッグは、女性視点のマーケティング会社であるハー・ストーリィ主催の「女性のあした大賞」2020年で、優秀賞までいただきました。約600個もあったという候補商品の中で受賞できたのは、最優秀賞を含めて5サービスのみ。受賞理由の一つは「女性管理職向け」という商品が、なんとこのバッグ一つしかなかったからということでした。

日々、ハイキャリア女性向けのコンテンツをつくっている編集部としては、改めて驚きです。単に「女性全体」「働く女性」「ワーキングマザー」というマーケットは認知されていても、「キャリア」「管理職」女性向けの商品は、まだ日本では本当に乏しかったのです。

その最大の理由は、やはり女性向けの商材を扱っていても、いまだに決定権を男性が握っている企業が多いゆえではないでしょうか。一般的にアパレルや化粧品会社は、女性社員比率は男性よりも高いです。それこそ女性が6~9割の企業も少なくありません。しかし管理職比率を見ると、決定権を持っている層は、まだまだ圧倒的に男性が多い。

販売やデザインは女性が行っても、最後は男性が決めることが多いのです。専業主婦だった奥様や自分の周りだけを見て、キャリア女性なんてまだまだ特殊で、市場というほどには存在しないのでは、などと真顔で言う男性もいて、そういう男性ばかりが集まって最終決断を下す企業も少なくありません。

もちろん、各社ともにマーケティングはきちんとしていると思いますが、いくら定量的に数字だけを見ても、当の消費者である女性の視点には勝てないでしょう。特にＢｔｏＣマーケットの場合、性別を問わず、消費者は数字や論理だけでモノを買うことは、ほぼないと思います。

第二次世界大戦後しばらくの日本のように人口がどんどん増え、モノが足りない、いわゆる「人口ボーナス期」であれば、プロダクトアウトの考え方で、どんどん新しいものをつくれば売れたかもしれません。しかし日本社会が成熟期を迎えた今は、最低限の生活必需品は消費者の多くがすでに所有し、人口そのものも減っていく「人口オーナス期」です。その道のプロが、どんどん「こんなすごい技術ができた」的に、機能を上乗せするだけの商品でヒットを出すのは難しいのではないでしょうか。

数字より、消費者である女性に決定権が必要な理由

「働く女性のための〝理想のお仕事シリーズ〟」も、読者のキャリア女性たちの生の声から生まれた商品たちです。第一弾のトフアンドロードストーンのバッグも、読者調査で得られた「きちんとした皮のバッグを持ちたいけれど、仕事でパソコンを持ち歩くには、ブランドバッグでは重すぎる。仕方がないので不本意ながら、１万円くらいの安くて軽いバッグを使

い倒して、1年くらいでダメになって買い替えている」というデータから生まれた商品です。

当時、スマートフォンの普及で、働く女性の荷物が減り、小さなハンドバッグで通勤するようになったという話も聞きましたが、弊誌調査によると、これは主に事務職の女性の話で、荷物が多いキャリア女性には当てはまらなかったのです。そこで、軽めの皮を使ってパソコンが入る「機能的でデザイン的に優れた」バッグを開発したら、大ヒットしたというわけです。これだけ女性向けファッション誌やファッションアイテムがあふれている日本でも、そこを考えて商品化しようとする人は少なかったのでしょう。

その後、「軽いバッグでも、荷物が多いときはまだ重い」という意見を受けて、ビジネスリュックを企画したときのことです。複数の男性から「女性用のビジネスリュックは、需要がないのではないか」という意見が出ました。けれども、弊誌読者に調査したところ、確実に需要はあるという結果が出ていました。長引くコロナ禍のハイブリッドワークの普及で、ノートパソコンを持ち歩く人が職種を問わず増え、百貨店のメンズリュックの売り場に、働く女性が増えているという情報も聞きました。そこで皇室御用達のブランド、NAGATANIとコラボリュックを作製したところ、こちらも初回ロットは完売、今も弊誌ECサイト『プレジデント ウーマン ストア』で売れ続けています。こういったことは、商品企画の仕事をお手伝いさせていただいていると本当によくあるのです。実際、取材をしていても、女性向けのヒット商品を開発した女性担当者が、男性上司に反対されて説得するのが大変だったというお話もよく伺います。

男性の視点や過去の数字だけで、「女性はこうだ」と決めつけることほど危険なことはありません。逆もしかりですが、女性管理職比率が低い日本では、異性マーケットで決定権を握っているのは、圧倒的に男性が多い。男性だけが集まって、「女性にはメンズライクなリュックなどではなく、いつもエレガントなハンドバッグを持ってほしい」的な男性が理想とする女性像を基準にした商品企画を行うのは最も危険です（まさに33ページで述べた集団浅慮によるリスキーシフトが起こりかねません）。

調査の通り、バリバリ働く女性の荷物は男性並みですが、一般的に筋力は男性より少ない。実際、私も含めて働く女性たちは、日々肩こりや腰痛に悩まされがちです（私なんて人生で4回もぎっくり腰で歩けなくなっています）。ですから、男性にとって理想の女性うんぬんではなく、まずはそこを解決する商品をつくってあげなくてはいけないのです。

２０２１年の発売後に即増産がかかり、合計４００着が完売したポール・スチュアートのダウンコート。そして同ブランドで、22年弊社クラウドファンディングサイトで初回のロットが１日で完売した、本書の表紙で私が着ているブルーグレーのコラボスーツも、これまで「あったら欲しかったけど実際はなかった」マーケットイン発想から生まれたイノベーティブなヒット商品たちです。

働く女性マーケットが拡大すればするほど、決定権のあるポジションに消費者に近い女性をつけることが死活問題となってくるのです。消費者当人が決定権を握っている組織以上に強い組織はありません。ＬＧＢＴＱ＋や障碍者など、他のダイバーシティマーケットに対しても同じことがいえるでしょう。

「女性活躍なんて大企業だけ」の大間違い

先ほどダイバーシティが進まない上場企業には厳しい時代が訪れていると述べましたが、上場していない企業や中小企業では「女性活躍なんて外圧で数値目標を持たされて、経営的にも余裕ある大企業だけだから」、まだ平気でこんなことを言う男性がいます。これこそが女性活躍の意味を理解できておらず、勘違いしている人の発言そのものですし、現実はむしろ逆だと感じています。

３年ほど前、中小企業の経営者に向けて女性活躍の講演をしたことがありました。コロナ禍の行動制限が始まる前で、参加者はおおむね男性でしたが、皆さん本当に熱心でした。

「３歳児神話（３歳までは子供は母親が育てたほうがよいという説で、科学的根拠はないとされている）

を信じている、子持ち女性のモチベーションを上げるにはどうしたらいいでしょうか」「フルリモートで雇っている方の中で、管理職になってほしい女性がいます。優秀ですが、家庭第一であまり気が進まない様子です。どう説得したらいいでしょうか？」といった質問もたくさん出て、私のほうがびっくりしたくらいです（ダイバーシティ関連のイベントでは、男性参加者からは、あまり質問が出ないことも多いのです）。参考書籍などを紹介すると、すぐメモを取ったり、その場でネット注文したりしていました。

日本は、いまだに大企業志向の人が少なくありません。知名度が乏しい、好条件を提示できない中小企業は、どうしても大企業のように優秀な男性を採用しにくい傾向があります。となると、女性に注目がいくのです。特に今の40代以上で、ライフイベントによっていったん社会を離れた女性たちの中に、優秀な人材が隠れていることをわかっているのは、むしろ中小企業の経営者たちだと思います。誰であろうと、入社してくれる優秀な人をしっかり活用しないと会社存亡の危機ですから、男だ女だなどと言っていられないわけです。

今、女性活躍の先進企業であるリクルートやオリックスなどは、まさに、その典型例といえます。今でこそ2社とも大企業ですが、いわゆるベンチャーとしてスタートした頃は、今よりもっと大企業志向が強かったであろう優秀な男性の採用が難しかったことでしょう。当時、男性と比べて就職が不利だった女性に目を向け、男女雇用機会均等法前から、女性を積極的に戦力化してきたと聞いています。

同じく先進企業のりそな銀行は、経営危機で国有化されたときに、家計を担う男性たちが次々に転職してしまい、残った女性たちを戦力化せざるを得なかったところから女性活躍がスタートしています。

むしろ今どき、景気がいい時代に入社した「ろくに働かない中高年」を正社員だというだけで会社に置いておき、それなりの給料を払う余裕があるのは、それこそ大企業か、中小であっても、それなりに体力がある会社限定だといえますね。

リストラ予備軍の方ほど女性活躍に猛反対する

しかしながら体力ある大企業でも、働かない中高年を養う余裕は徐々になくなってきています。50代以上に早期退職を奨励している企業も珍しくありません。ひと昔前までは「大卒で正社員の男性」というだけで、日本流の年功序列と終身雇用制度の中で守られ、それこそ違法行為でも犯さない限り、ある程度までは昇進と給料が保証されていました。

男性というだけで昇進できる時代は、とっくに終わっていますが、やはり入社時やひと昔前のデフォルト設定から抜け出せない方がいます。自分は絶対にマイノリティにならないと思っていたのに、女性に昇進で抜かれるかもしれないし、それどころか突然、職を失うかもしれない。特に自信がない方や、昨今の社会の変化についていけないような方は、女性を筆頭としたマイノリティが上がっていくと、自分のポジションのパイが減るのではないかという危機感からダイバーシティに否定的な態度をとりがちです。

少し前であれば「朝の通勤電車に女ばかり増えて不安になる」といった発言を平気でする男性もいました。「あの女性たちの子供はどうしているのか」と問題をすり替えたことを言うのも、明らかに自分の仕事を取られるかも、という危機感からです。私が留学していた北米のカナダで、アジア人を見るだけで「俺は家族がいるのに、中国人のお前に仕事を取られた」などと言ってくる現地人男性と同じです。

こういった方は、内心自分に能力がないことをわかっていたり、コンプレックスがあったりします。実際、どこかでリストラ対象になったりして、結局は上がることなく、下に落ちていきますので、企業としてもそこまで気にする必要はないと思いますが、悪質な場合、ハラスメントなどに走って女性や若手をつぶそうとする方もいますので、そういった場合は会社として断固たる措置が必要になります。

今は男女問わず、能力が高い人ほど転職が容易な時代です。放置しておけば、女性だけでなく、優秀な若手もどんどん離職していくことでしょう。

クオーター制で昇進できなくなった「普通の男性」たち

最近は、昇進する際に、同程度の実力であれば女性を上げる。また昇進させる際に、一定の女性枠や女性限定のポジションを設ける企業も出てきました。

その際に「仕事が全然できないリストラ候補というほどではなく、以前ならある程度までは昇進できた男性があぶれてしまう。これでいいのでしょうか」という懸念を持つ経営者や人事の方も出てきています。要するに、男性への差別にならないでしょうか、ということですが、これこそ21ページで解説した、ダイバーシティを妨げる「公平性を欠く」ケースの典型だと思います。

ちょっと考えてみてください。では、15年前、20年前の社内の女性たちはどうだったでしょうか？「仕事が全然できない」どころか、そこそこ優秀でも多くの女性が昇進できず、子供を産んだだけで、涙をのんで退職に追い込まれた方だってたくさんいました。これを社内で女性差別だと言う方はどれぐらいいたでしょうか？　それこそ昇進できたのはプライベートを犠牲にしても男性の2倍、3倍働き、抜きん出た能力のある女性か、女性でないと務まらないような部署のみ。正社員の男性は、それこそ多少できない人でも、ある程度までは自然に昇進していったはずです。

いまだに、女性だけに下駄をはかせていいのかという声がありますが、これはむしろ一定基準まで能力が達していない男性の下駄を取っただけなのです。以前、『プレジデント ウーマン』で取材した女性外科医の方がおっしゃっていましたが、研修医の頃、先輩医師に「両乳房を切除して子宮を取ってから来い」と言われたそうです。今活躍しているキャリア女性たちの何割かは、こんなひどいことを言われながら働いてきたわけです。同じことを男性に要求したら、どう思いますか（もちろんする必要はありませんが）。

今、イノベーションを起こして業績を上げ、変化の時代に生き残りたい企業に必要なのは、「多様な視点や知見」を持つ人の力を生かし、決定権まで与えていくことです。ですから、昔だったら何とか上がれたくらいの男性が昇進できなくなっても、それは仕方ありません。この手のことを気にし続けていたら、ダイバーシティ経営は永遠に達成できないでしょう。

もちろん上がれなかった方にも、やりがいある仕事は必要です。今は昇進するより、専門職を突き詰めていきたい、自分らしい働き方をしたいといった方も増えていますので、そういった方々の居場所づくりも大切な施策になってきます。何らかの肩書があったほうが働きやすい風土であれば、実際は部下がいなくても、一定の年齢になったら「担当課長」といった肩書だけは名刺に入れてあげるのも一つの手でしょうし、専門職でも高い業績を上げれば、昇給にどんどん反映される人事制度を取り入れるのもよいと思います。

男女問わずですが、現実的にマネジメントに向いていなかったり、本人も昇進を望んでいなかったりするけれど、プレイヤーとして会社に必要な方であれば、そこはきちんと配慮して居場所をつくり、働きやすいようにしてあげることも、ダイバーシティ経営には大切なのです。

「ダイバーシティは女性だけではない」の大問題

「もう女性だけ優遇しても仕方がないじゃないか。ダイバーシティは、女性だけの問題ではないだろう」。制度が整って、課長レベルくらいの女性管理職がそれなりに増えてきた昨今、男性からこんな声が聞かれるようになりました。まだ女性管理職比率が1割にも達していない、また課長レベルはそれなりにいても、上級管理職は極めて少ない企業で堂々とこういうことを言う男性がいるようです。

もちろんマイノリティは女性だけではないですし、ダイバーシティは外国人、LGBTQ＋の方、障碍者やシニアの方などが対象になります。しかし、ほとんどの日本企業で最大のマイノリティは、全人口の約半数を占める女性です。多くが男性と同等レベルの教育を受け、文化や言語の壁もない女性すら、まともに活躍できていない企業で、ほかのマイノリティの方々が活躍する余地があるはずがありません。

とにかく女性管理職比率が極端に低い日本企業においては、まずは女性活躍なしにダイバーシティもインクルージョンもあり得ません。ほかのマイノリティの方々の施策は後にしろと言っているのではなく、可能であれば、どんどん同時に進めていけばいいだけの話です。実際、先進企業といわれる企業は、おおむねさまざまな施策を並行に進めています。どのテーマも施策は違えど、多様な人が活躍できるという点では同じですので、一緒に進めていけば、誰にとっても働きやすい環境づくりができるはずです。

「女性に優しすぎる制度」が女性のキャリアを阻む

2022年現在、日本における法定の育児休暇は1回の出産につき最大2年、時短勤務は子が3歳になるまでですが、多くの大企業では法定を超えて、育休3年、時短は子が小学校を卒業するまでとしています。出産した女性社員は、1年以上の育休を経て、復帰後数年間は時短勤務になることが慣例化している企業も少なくありません。

「これだけ頑張って女性に優しい制度を整え、たくさんの女性が利用しているのに、女性管理職比率が上がらない」という声を、人事担当者やマネジメントの方からよく聞きます。

しかし実は、こういった日本の法定を超えた制度とその運用こそが、女性活躍が次のステージにいくことを阻んでいるのです。

「女性に優しい制度」を全員にフル活用させて、家庭中心で長くゆるく働かせるのは女性活躍ではありません。もちろん必要な人はフルに使えばいい。とはいえ出産した女性が、すべて時短を取ってマミートラックに行く必要もまったくありません。

長期間の育休、時短は本人のキャリアにも影響がありますが、制度を使っていない人との軋轢も生まれています。**図16**をご覧ください。『プレジデント ウーマン プレミア』2020年秋号「『時短ママはズルい』という空気は、どこから来るか」という記事で使用した調査（白河桃子氏との共同調査）です。

制度未利用者（男女両方）に聞いたところ、女性の約25％は不公平だと感じています（男性は、どちらとも言えない、要するによくわからないという人が多いです）。

実際、制度を使っていない人の声を聞いてみても、「女性同僚が順番に産・育休に入る状態で（育休中の人の）もともとの一人分の仕事量がわからない。育休や時短の人の穴埋め分は手当されていない」「子供がいなくても責任が軽い部署に行きたいけど、時短の人でいっぱい」「上司が『時短の評価を決める目標をどこに置いたらいいのかわからない』と言って評価が厳しくない」「女性ばかりが制度を使える。転勤にも配慮があって（男性から見て）ズル

図16　制度を利用していない女性は時短を厳しい目で見ている

Q.時短利用者の働き方や制度利用について、自分と比べて不公平だと思うか

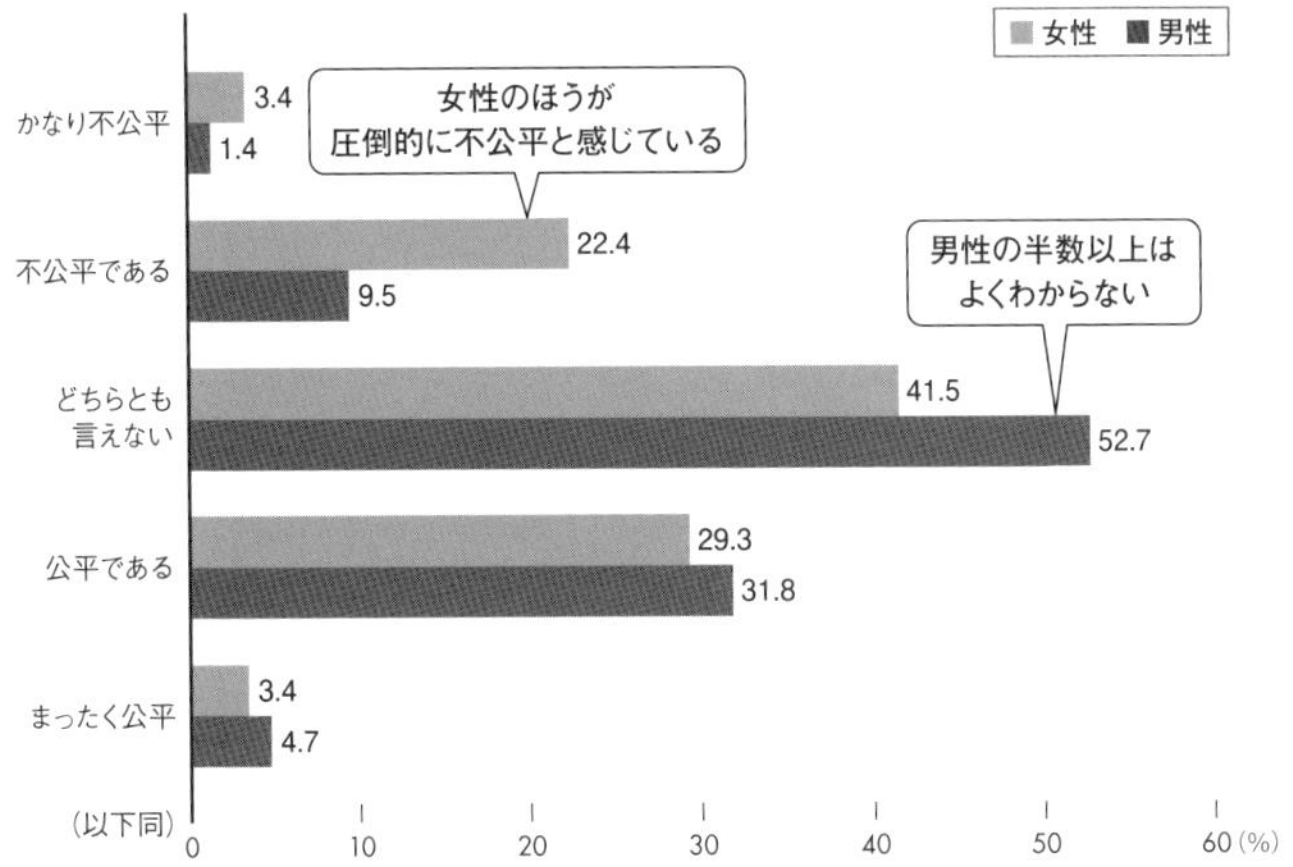

Q. 時短の人がいると、チーム全体の業務に影響が出るか

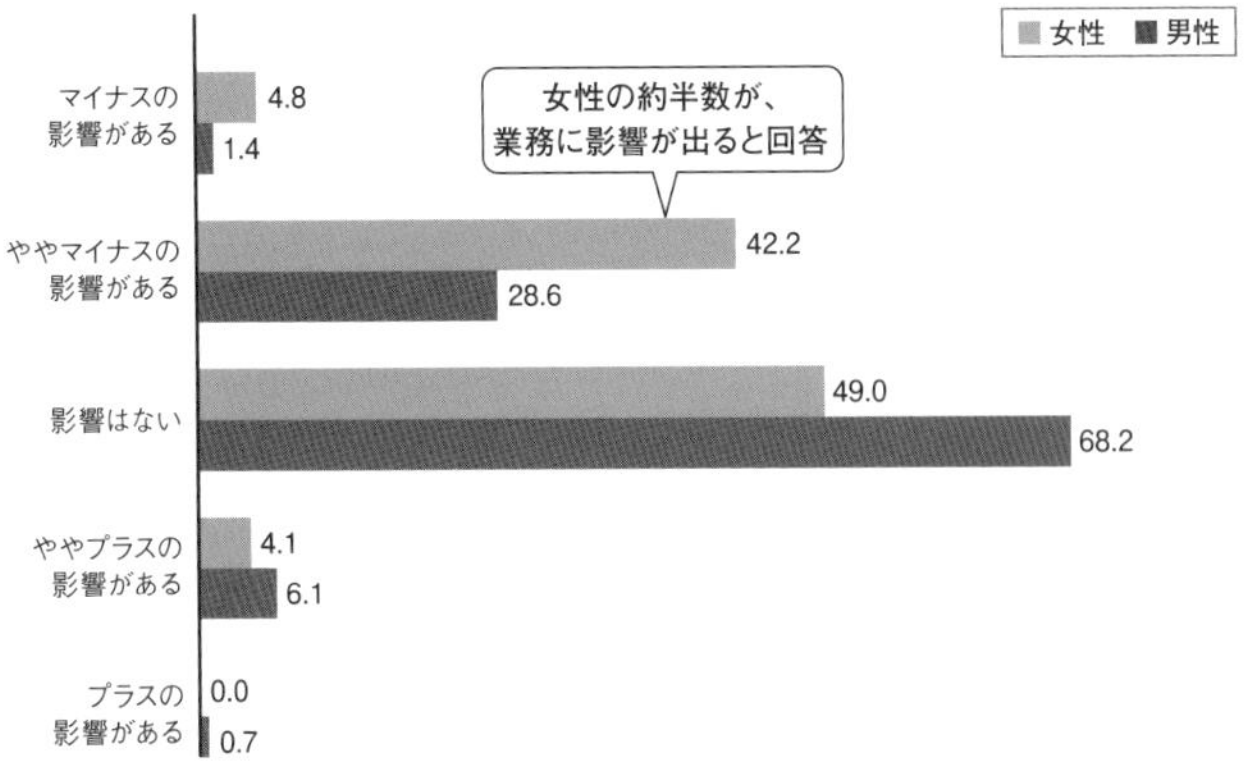

出典／「プレジデント ウーマン プレミア」2020年秋号調査より。対象は過去3年以内に時短勤務者と働いた経験があり、自身は現在両立支援制度を使っていない20〜49歳の非管理職、正社員、男女各150人。図17、図24、図33も同様の調査による。※グラフの数値は小数点第2位で四捨五入しているため、合計が100%にならないデータもあります。

い」といった不満の声が、たくさん聞こえてきています。

制度利用者がごく少ないときは、組織内で適当にやりくりして何とかカバーできました。しかし今は、育休や時短取得者が部署全体の2割以上というケースも少なくなく、大企業では全社で数百人、数千人規模になっていますので、もはやそうはいきません。

まず軋轢を解消するために企業がやるべきことは、時短中の人をサポートする側にお金で報いること、人事考課にも反映すること、またテレワークなどの柔軟な働き方を全社的に普及させること（図17）です。大量に時短取得者がいる組織の場合は、これだけでかなり軋轢が解消されます。

長期間の育休や時短が、どうしても必要な方はいます。例えば、育児と介護がまとめて来てしまった、産後、母子どちらかの体調が悪い、あるいはパートナーの方の病気や転勤など。今後はシングルで産む女性も増えると予測されるので、そこも配慮が必要です。

しかし、必ずしも長期間の育休・時短が必要でない方で、かつ復帰に前向きな女性には、一刻も早くフル復帰できるように後押ししていただきたいと思います。目安としては、昇進候補の人材であれば、育休半年前後、遅くても1年以内の復帰。時短に関しては、ゼロ歳だと延長保育に入れない保育園もあるので、できたら1年以内、遅くとも3年以内にフルタイムに戻すことをおすすめしています。このくらいのブランクであれば、復帰前とそれほど遜

図17　時短が多い組織は、軋轢解消のためにサポートする人に昇給などで報いテレワークを推進

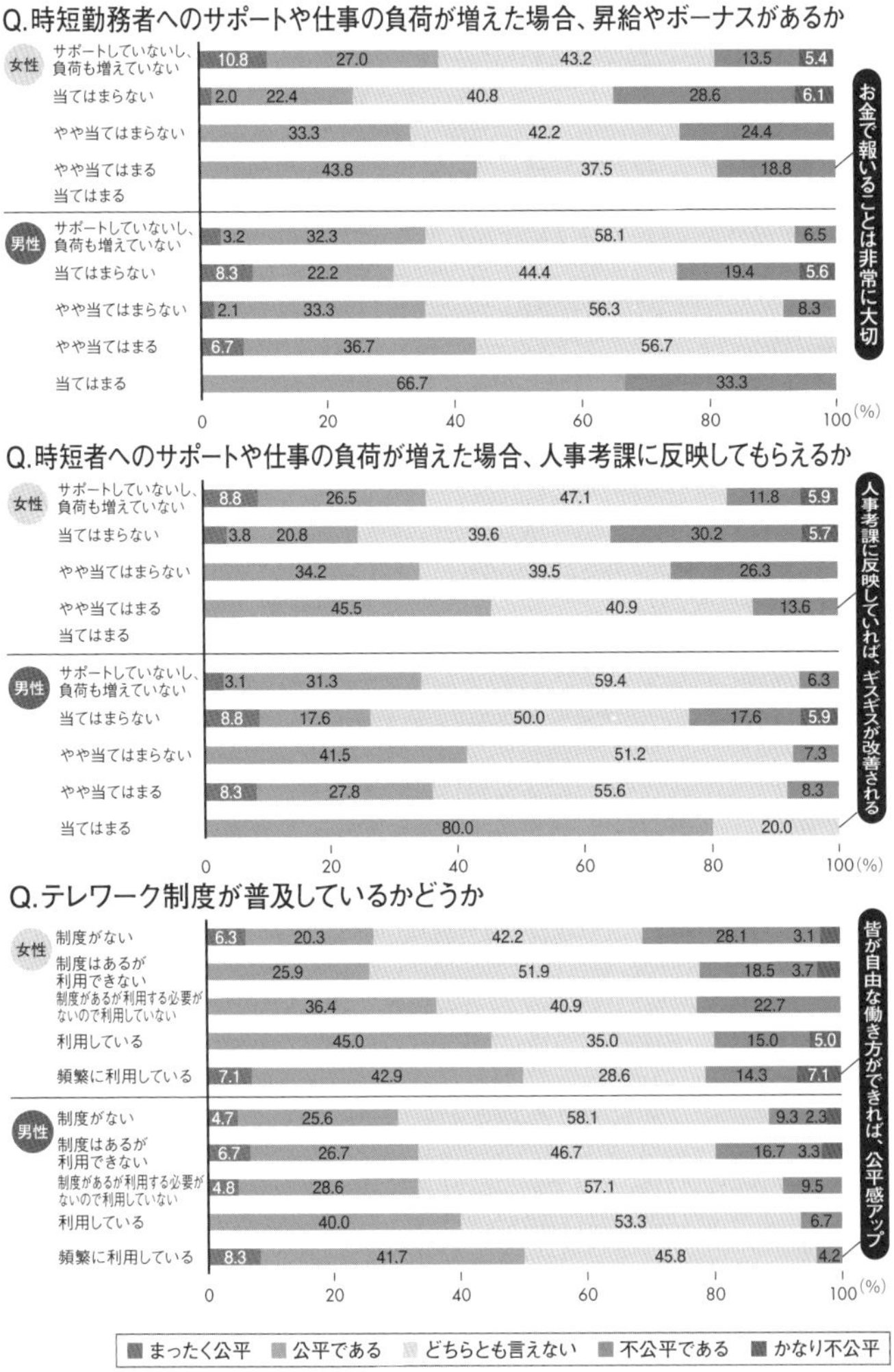

色なく仕事を進めていけるのではと思います。

早期復帰希望者にこそ、きちんとしたサポートを

ただし、何もなしに復帰しろといっても、特に認可や認証保育園に入りやすい4月以前に復帰するのは容易ではありません。

東京都内の無認可保育園の場合、高いところだと月に20万円以上、フルタイムで自費でシッターを雇えば、少なくとも月40～50万円はかかるでしょう。

実際、早期復帰を望んでいたけれど、出産時期が2月、3月になってしまったので（保育園での養育が可能なのは、生後52日以降であることがほとんどです）、翌年度の4月入園に間に合わず、1年以上休まざるを得なかったといった声もよく聞きます。ですから、意欲的な方を早く戻すためには、その制度整備が必要になってきます（具体的なコミュニケーションの取り方については第3章参照）。リモートワークの整備や、ベビーシッターの補助などを、どんどん導入し、社内に周知して使い方から指導してあげてください（第5章参照）。

女性活躍先進企業であるダイキン工業には、「育児支援カフェテリアプラン」という制度があります。産後6カ月未満、そして1年未満に復帰した場合、シッター代などの補助や柔

軟な勤務形態などの支援を通常より多く受けられるそうです。同社の野間友恵人事本部人事企画グループ長（部長）によると「ゼロ歳児のほうが保育所の入所がスムーズにできる、キャリアブランクが短いほど、早く仕事の感覚を取り戻せる、現場での人員配置をしやすくなるなど多くのメリットがあった」そうです。同社では、2022年現在、1年未満の復帰が4割、6カ月以内も一定数いるとのこと。同社広報曰く「早期復帰支援は、女性活躍という意味で、最も効果的だった施策の一つ」とのことでした。

同じく先進企業のポーラでも、本人の意思を尊重しながらも、希望する方には半年程度の復帰を奨励し、「職場復帰サポート手当」や「育休復帰者への面談サポート、復帰者同士のコミュニティ」を用意しているということです（同社及川美紀社長）。

男性育休こそが「男の家庭進出」の第一歩

2022年10月より「産後パパ育休」が法制化されました。父親が通常の育休に加えて、別途取得できるもので、子の出生後8週間以内に4週間まで、分割して2回取得できます。育休給付金の対象にもなります。

積水ハウスの調査によると（図18）、今は採用時に就活中の男性のほうが、男性育休の取得率を気にするというデータがあります。「育児は女性だけのもの」という時代は、もう終わったのです。

現実問題としても、女性だけが育休、時短を取得するということは、夫側が勤務する企業が、妻の勤務先の制度に一種のタダ乗りすることになります。これでは、少し前に主流だったパート主婦が、時短正社員女性に変わっただけという状況で、結局、仕事は男性がメイン、育児家事の負担はほぼ女性にかかってくることを前提としています。女性の社会進出と、男性の家庭進出はいわば表裏一体なのです。

いまだに育休をただの休暇だと思っている男性がいますが、特に新生児の育児は個人差こそあれ、24時間体制で仕事より大変なこともたくさんあります。出産と授乳は女性にしかできませんが、それ以外のことは父親もできるはずですし、そもそも人間は母親だけで育児をする動物ではありません（第2章74〜76ページ参照）。

男性も育児を経験してこそ、初めてその大変さも面白さも理解できる。弊社にも、すでに1年以上の育休を取得した男性がいますが、仮に短期間でも取得すれば「女性は子供を産むたびに休めていいなあ」などと言う方は減るでしょう。育児と仕事を両立することを真剣に考えた結果、だらだら残業するのではなく、仕事を効率よくこなせるようになったという男性もいます。

図18　就活男性の8割近くが「男性育休制度に注力する企業を選ぶ」

●企業の男性の育休制度は就活に影響する

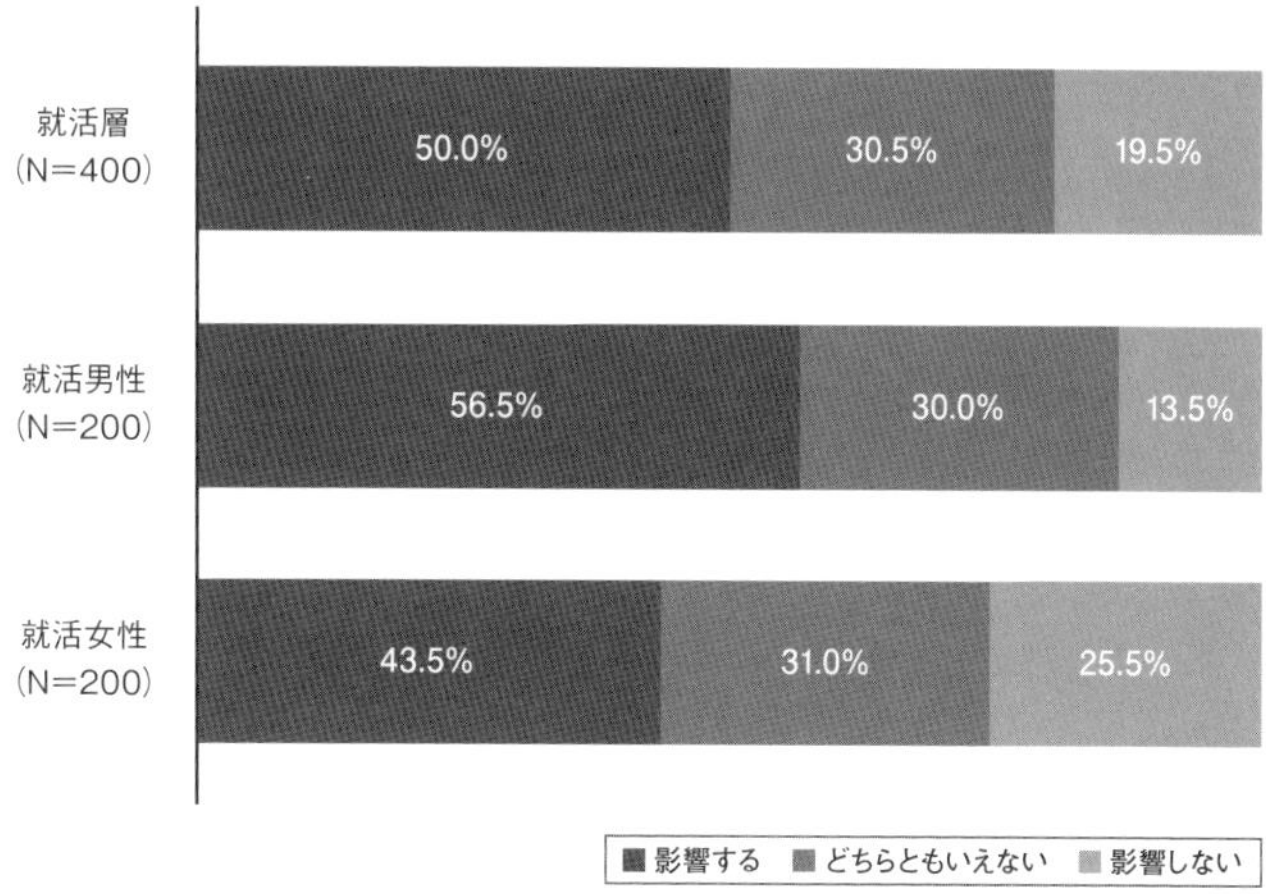

●男性の育休制度に注力する企業を選びたい

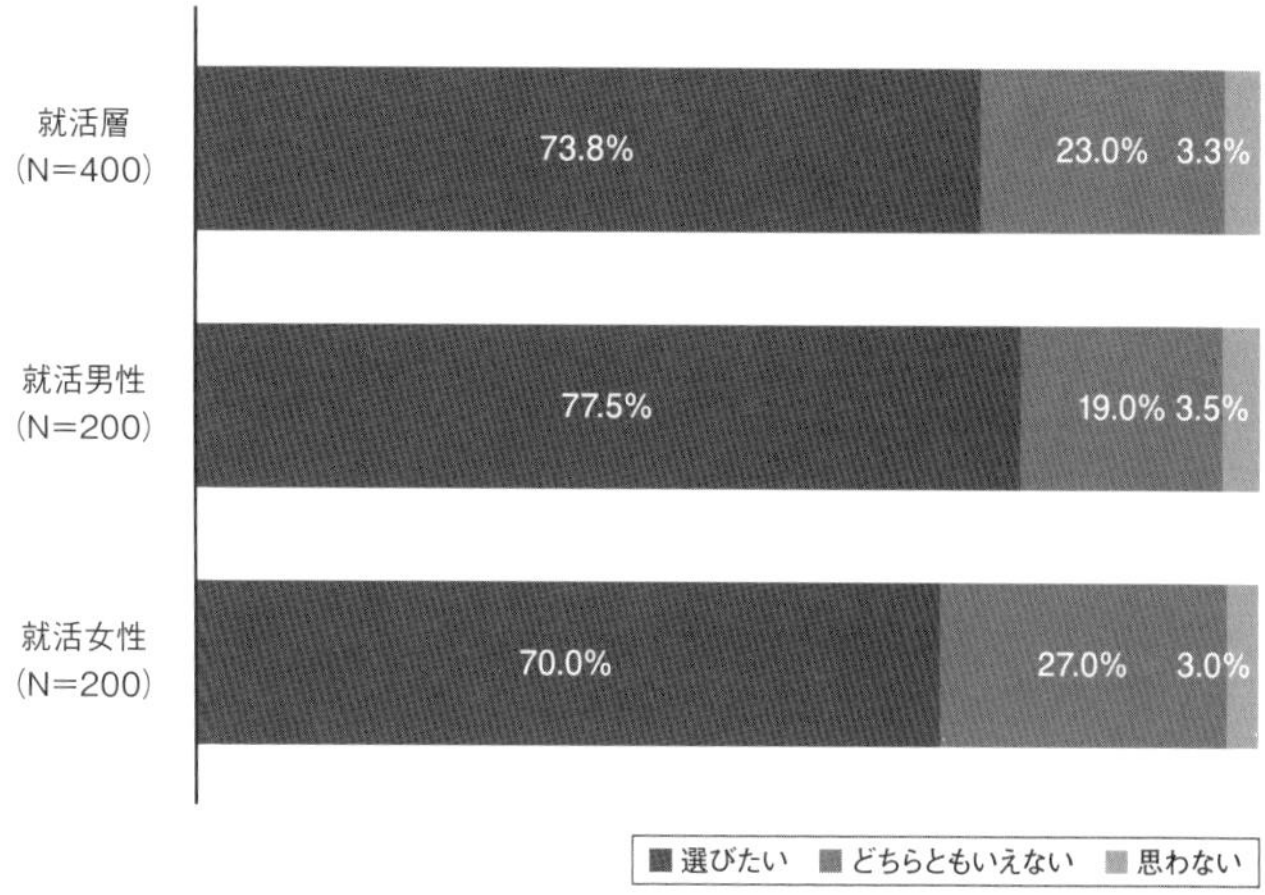

出典／積水ハウス「男性育休白書2021年特別編」より

育児だけでなく、介護も同じです。2025年に団塊の世代が大量に後期高齢者になるため、団塊ジュニア世代の男性の介護休暇が増えるという試算もあります。今の時代、配偶者が相手の親の介護をすべて担えるはずがありません。男女ともにライフイベントを乗り越え、両立することを支えていくのが真のダイバーシティです。

もちろん夫婦ともに職責が重かったり、忙しくて親族に頼れない方は、外注など人の手を借りることを考えればよいですし（第5章参照）、会社としても、そのサポートはきっちりやってあげてほしいところです。ライフイベントがあるから、どちらかがキャリアを降りるという時代ではありませんし、降りる必要もないと思います。

ダイバーシティのフェーズを確認する

ざっと今の日本におけるダイバーシティ経営と、その問題点について述べましたが、自社でどこから手を付けたらいいか、どこが悪いのかわからないという企業であれば、まずはご自身の会社の立ち位置を確認してみてください。プレジデント総合研究所顧問で、相模女子大学大学院特任教授の白河桃子氏によると、以下のように現在位置を確認してほしいということです。**図19**をご覧ください。

フェーズ1は、基本的に昭和のままの企業。第一次男女雇用機会均等法に則り、かつてのマスコミ業界もそうでしたが、男性と同じように24時間体制で会社に滅私奉公するのであれば女性も昇進できます。家庭との両立はかなり難しく、子持ちの女性は退職するか、産休だけで復帰し、親と同居するなどして育児家事は丸投げか、ほとんどすべてを外注という方だけが残ります。かつての木下家実家も、おおむねこんな感じでした（とはいえ母は公務員だったので、普通の企業よりは両立しやすかったとは思いますが）。

フェーズ2は、法定以上の両立支援制度をたくさん充実させた、いわゆる「女性に優しい企業」です。女性は育休や時短を取得して復帰して働けますが、男性と同等に昇進していけるのは、どちらかというとフェーズ1の働き方に近いキャリア志向の強い女性のみ。多くはマミートラックに入り、ゆるく長く働くのがスタンダードです。両立支援は、ほぼ女性のみに対して行われ、男性の働き方はあまり変化がない状態です。前述のように、制度を使っている人と、使っていない人の中に不公平感や軋轢が生まれがちなのも、このフェーズのときです。

本当にダイバーシティ企業といえるようになるのは、フェーズ3からです。ここにきて初めて、男女両方が両立支援や改革の恩恵や影響を受けます。まず働き方改革がきちんと機能し、無駄な残業がない。そしてテレワークやフレックスタイムなどの柔軟な働き方も導入さ

図19　御社の現在位置は？　両立支援から働き方改革への流れ

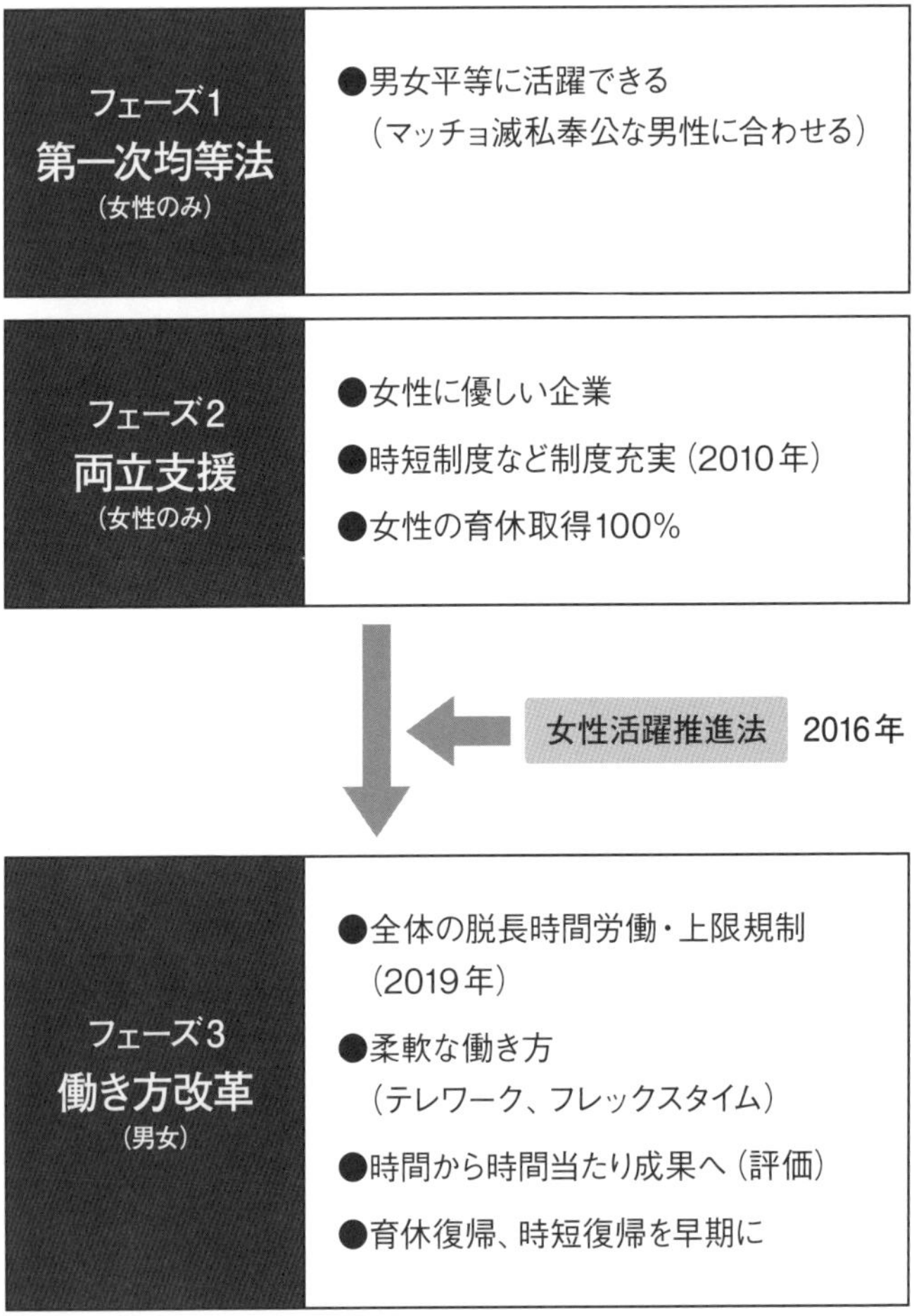
フェーズ1
第一次均等法
（女性のみ）
●男女平等に活躍できる
（マッチョ滅私奉公な男性に合わせる）
フェーズ2
両立支援
（女性のみ）
●女性に優しい企業
●時短制度など制度充実（2010年）
●女性の育休取得100%
女性活躍推進法
2016年
フェーズ3
働き方改革
（男女）
●全体の脱長時間労働・上限規制
（2019年）
●柔軟な働き方
（テレワーク、フレックスタイム）
●時間から時間当たり成果へ（評価）
●育休復帰、時短復帰を早期に

出典／白河桃子氏作成

れ、時間から時間当たりの成果で仕事が評価される。

そして、可能な人には、育休や時短から早期のフルタイム復帰が促され、そのための制度や補助が整備されて、周知されている。そして、男性の両立支援が始まり、男性育休も推進されていきます。

白河氏は「今、フェーズ1にいる企業は、2に時間をかけず、いきなり3へ向かったほうがよい」と言います。本来は、法定以上の女性に優しすぎる制度や支援を整えるより、先に働き方改革を導入し、昭和上司の働き方を改める。そして誰もが働きやすい環境をつくってから、必要な制度を整えるべきなのです。いったんフェーズ2にきてしまうと、3にいくまでに結構な労力を要します。一度長くした育休や時短制度を短くすることは、法的に不利益変更になってしまうので、よほどのことがないとできませんし、フェーズ2は、あくまで家庭中心で長くゆるく働きたい女性や、昇進のパイを女性に取られたくない男性など一部の人にとっては居心地がいい状態なのです。

とはいえ、現在フェーズ2にいる企業は、日本にはとても多いです。そういった企業が制度を変えるのは難しいので、ライフイベントからの早期復帰のメリットを伝え、柔軟な働き方を導入し、男性の両立支援を進め、男女ともに優秀な人ならライフイベントと両立しながら、上に行ける仕組みをつくりましょう。ここで初めて、女性の上級管理職比率も増えてくるはずです。

（以上、プレジデント総合研究所『人事・ダイバーシティの会』２０２２年９月キックオフイベントにおける白河桃子氏講演より抜粋・編集）

業界や業種によっても、フェーズは違います。巻末の付録（１８９ページ〜）に、業界別・男女別のＤ＆Ｉ調査を掲載しましたので、ご自身の業界の立ち位置を知るのに参考になさってください。

第2章
女性活躍は上司のマネジメントにかかっている

制度を整えたおかげで、女性は辞めなくなったけれど……

ダイバーシティが、企業のイノベーションを引き起こし、これから生き残るための経営戦略に不可欠な時代になったことは、第1章で述べました。経営者や社員が、これをどこまで理解しているかは、本当に企業によりますが、どちらにせよ、ここ10年ほどで日本における働く女性を取り巻く諸制度は、世界トップレベルに整ってきました。ひと昔前によくいわれていた不当な育休切りなども、ほとんど聞かれなくなりました。

おかげで、女性がライフイベントだけを理由に退職する確率も劇的に減少しました。

しかし、働く女性は増えたものの、第1章で述べた通り、女性管理職比率は世界と比較すると大きく増えていません。この矛盾のカギを握っているのは、実は「女性部下を持つ上司の皆さん」です。まず上司が変わらない限り、どれほど両立制度や研修を女性たちに導入しても、女性たちが根本的に変わることは難しいのです。

「女のことはわからないが、外圧でやらないといけないみたいだから、女だけで頑張ってやってくれ」といったような経営層や管理職が多い企業に未来はありません。今、ダイバーシティも会社のイノベーションも、現場の上司の皆さんの双肩にかかってきているのです。

本章では、女性をはじめとした多様な人材をマネジメントできる、ダイバーシティ経営の

図20　別に女性は「昇進したくない」わけではない

Q. 今後のキャリアについて、あなたの考え方に近いものは？

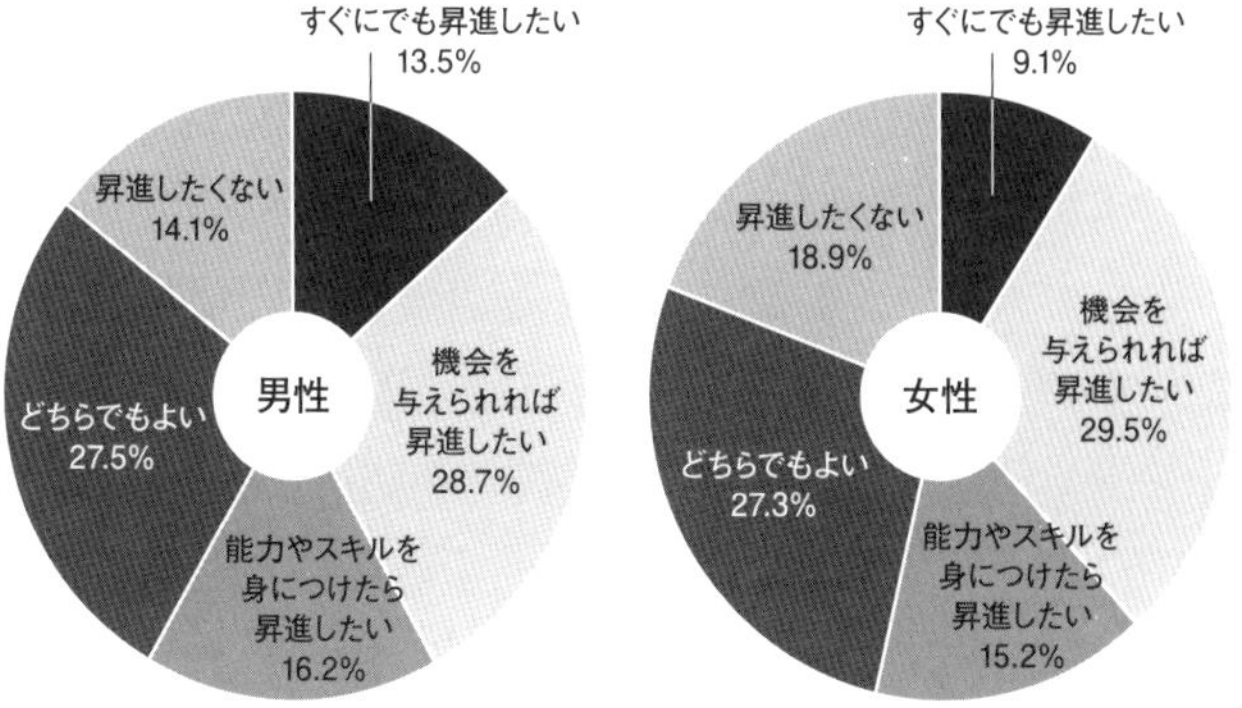

出典／「プレジデント ウーマン プレミア」 2022年秋号「ダイバーシティ&インクルージョン大調査」より（調査概要は189ページ参照。図21、図27も同じ）

要となる「次世代インクルーシブリーダー」を目指す管理職の皆さんに向けて、日本の会社にありがちな現況と、管理職が取るべき具体的な施策について、ご説明していきたいと思います。

「女性は管理職になりたくない」の真相

「制度を精いっぱい整えたのに、当の女性の昇進意識が低いから女性管理職が増えない」「そもそも普通の女性は管理職になりたくないんでしょ？」と言う経営者や管理職は、まだたくさんいます。企業の人事担当者からも聞かれる悩みです。

　では、本当に日本の女性は管理職になりたくないのでしょうか？ **図20**の『プレジデン

図21　女性は50代が出世欲のピーク

Q. 今後のキャリアについて、あなたの考え方に近いものは？

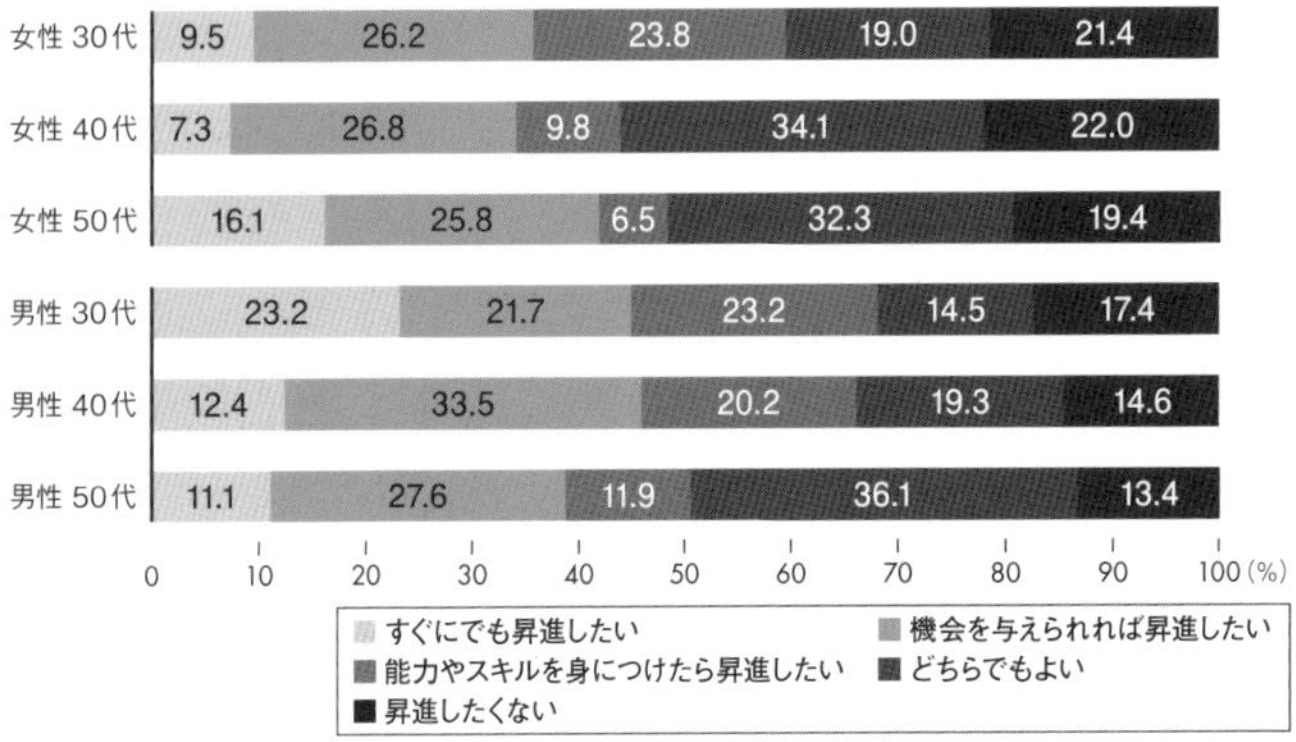

出典／『プレジデント ウーマン プレミア』 2022年秋号「ダイバーシティ&インクルージョン大調査」より

トウーマン プレミア』の調査をご覧ください。20〜50代までの男女正社員800人に聞いたデータですが、男女の昇進意欲は、さほど違いがありません。ではなぜ、女性が「昇進意欲が低い」と言われるのか。**図21**をご覧ください。男女でなく、年代別に分けるとはっきりします。大企業における一般的な中間管理職への昇進適齢期である、30代、40代の昇進意欲は、確かに男性のほうがかなり強いと出ています。しかし、50代を見てください。女性の昇進意欲が男性を上回っています。

私もそうですが、30代、40代というのは、ライフイベントに振り回される時期でもあります。今は、私のように高齢出産する女性も少なくないため、40代でも子供は保育園児ということもあります。まだまだ日本の男性の家事育児時間は、世界的に見ても非常に短く、出産と育児の負担が女性に多くかかってくるのが現実です。

実際は、昇進したほうが両立は楽なケースも多く、子持ち管理職女性の幸福度は極めて高いのですが（第4章121ページ図29参照）、そこに気づいている女性は多くはありません。現実はどうあれ40代くらいまでの女性は、それだけライフイベントの負担を重く見ているということなのです。今、お子さんがいない方でも、将来的な可能性を考えている人もたくさんいます。

50代になってしまえば、30歳くらいで出産した方なら、子供はもう手を離れています。晩産の方でも乳幼児期は過ぎているケースが多いですし、これから出産を考える方もほとんどいないので、一気に昇進に前向きになれるのです。

一方、男性は、30代、40代の正社員であれば、ほとんどの方が、ある程度は昇進コースに乗っていたという慣習がありますし、男女平等意識が高い方やいわゆるイクメン（育児に熱心な男性）が増えたとはいえ、ライフイベントの負担をそこまで重くとらえている方は少ない。しかし50代男性であれば、役員コースなどに進んでいる方以外は、ある程度先が見えているし、昇進コースから外れている方もたくさんいます。ならば今から変に欲を出すより、定年まで波風たてずにいられることを考えたほうがよい。そんな方が多いのでしょう。

女性は決して昇進意欲がないわけではありません。家庭やライフイベントをそれだけ男性よりも重くとらえ、かつ負担に感じている方が多いということです。ですから、上司がこの現実に上手に対処してあげることが、女性活躍の第一歩となるのです。

世代・階層別にいうと、若い世代には、何があってもキャリアを追求していけるようなマインドセットやキャリアデザイン教育をしてあげる（第3章参照）。そして、管理職前の女性であれば、管理職のメリットや喜びを教えてあげる（第4章参照）。ライフイベント中の女性には「育児中だから責任ある仕事は任せられない」などと言わず、普段からコミュニケーションをよく取って伴走し、管理職の楽しさやメリット、むしろ昇進したほうが両立しやすいこと、そして両立についての上手な仕組みづくりを教えてあげる（第5章参照）、そしてライフイベントを過ぎた世代には「元一般職だから」「昇進適齢期から外れている」などと言わず、能力のある方であれば、どんどん上に上げていけばよいのです。

「女性に優しい制度」フル活用の前に上司がやるべきこと

今40代後半以上で経営層や管理職の男性の方々は、まだまだフルタイムの共稼ぎの方は多くないですし、日常的に奥様と家事を分担した経験や、リアルな育児経験があまりない方も多いのではないでしょうか。

20代、30代のときは長時間労働が当たり前、仕事が終わったら夜中まで飲み会や接待、休日もゴルフや残務でつぶれることが多く、各地に拠点がある企業なら転勤も当たり前。身近な女性といえば、会社ではアシスタント的な女性、家では専業主婦の奥様やお母様しか知らない。今から15年くらい前に『プレジデント』編集部にいた頃、バブル世代の大企業の男性管理職を取材すると「休日出勤なんて当たり前で、３６５日ほとんど仕事しかしていなくて、ふと気がついたら、子供がものすごく大きくなっていてびっくりした」なんていう方もよくいらっしゃいました。

今はだいぶ減りましたが、まだこの手の働き方をする覚悟を持って、管理職を目指せという方がいます。これでは女性が上に上がるには、家庭に専業主夫かそれに準ずる人が必要になってしまいます。もちろんそういう方もいらっしゃるでしょうが（昭和の木下家では祖母＋お手伝いさんがそれに近い役割を担っていました）、それをスタンダードにすることは現実的に不可能です。

専業主婦が一人家庭にいることを前提に、会社にほぼ24時間を捧げるという働き方や生き方が間違っていたわけではありません。男女分業スタイルに基づいた長時間労働で、製造業を中心とした日本経済が一定期間、繁栄した時代があったことは確かです。今も個人として、どのようなパートナーを選び、どういう形のご家庭でどうあろうと、それは自由です。ただ社会は大きく変化しており、30代以下は共稼ぎがスタンダードの時代。「専業主婦か、それに準ずる人が常に家にいて、家事も育児もやってくれる」ことが前提の管理職を見ていて、女性たちが「ああはなれない」と思うのは当然です。

働き方改革とは残業を絶対にしないことではない

女性活躍先進企業の一つである、大和証券では2005年に女性活躍推進チームが発足し、間もなくして全社的に働き方改革、19時前退社を徹底します。当初は「どうせ口だけだろう」と高をくくって残業が常態化したままの部署や支店も多かったようですが、鈴木茂晴社長（当時）は自らが退社時間をすべてチェックしていることを人事部経由で全社的にアナウンスし、それでも退社時間が遅くなる人がいる場合は、「あなたは転勤候補になっていますよ」と人事に電話をかけさせて、支店長に警告するほどの厳しさでした。

そう、大和証券のように、本来は法定を超えた「女性に優しい」制度をあれこれ整えるより先に、まずはある程度の強制力を持って働き方改革を先にやるべきなのです（もう制度は整えてしまった、という企業であれば同時並行でやるしかないです）。

誤解のないように言っておくと、本当の働き方改革というのは、何があろうと定時厳守で残業や休日出勤を一切やってはいけないということではありません。フルタイムの仕事であれば、残業が必要なときはありますし（私もこちらの書籍執筆中の今、勤務時間はいつもよりちょっと長くなっております）、突発事故が起こったときも対処が必要です。休日にイベントなどが必須なケースもあるはずです。

真に撲滅すべきは、仕事が早い人には「もっと仕事をしろ」的なことを言いながら、逆に仕事のやり方が非効率だったり、やる気だけ見せて実際はだらだらやる人、やっているフリやアピールだけが上手な人を「根性で頑張っている」「休み返上でよく働く」「いつか結果が出る」などと評価する体制や風土なのです。これでは仕事が早く優秀な人が損をすることになってしまいますし、こんな企業や組織では、実際にデキる若手は男女問わず、どんどん転職してしまうでしょう。

規制も厳しくなり、もはや時間の長さで仕事を評価する時代ではありません。コロナ禍でリモートワークなど柔軟な働き方が急速に普及し、職種によっては会社に毎日出社する必要もなくなりました。上司が率先して効率的に仕事をし、無駄な残業を撲滅していけば、ライフイベントの負担を抱える女性の不安も軽減され、自然に上に上がっていくことができるのです。

スーパーウーマンでなくても昇進していい時代

今の女性上司の方は、男性と同等か、それ以上に働いてきた方も多いと思います。出産はあきらめるか（かくいう私も、体力に自信がなく20代の頃は、子供なんてまず無理だな、と思っていました）、何とか両立できたとしても、8週間の産休だけで復帰した方や、育児家事の大半を外注していた方もたくさんいるでしょう。実際、木下母もそうでしたし、今50代以上の女性役員や管理職の方々を取材しても、多くがそのような感じです。最近は「私の頃は仕方なかったけど、昔の武勇伝なんてもういいんですよ」と、笑って話してくださる方も多いのですが。

まえがきで述べた通り、少なくとも体力的にはスーパーウーマンとは真逆の私自身ですが、たまたま高齢出産でしたので、年齢の割にすでに両立できる社会の仕組みが整っていました。しかし、もし10年早く出産していたら、相当大変だったと思います。

ひと昔前は、男性以上に働かないと女性は上に上がれないどころか、ライフイベント後、仕事を続けることすら大変な時代だったのです。まさに、今の女性役員や上級管理職の方々が頑張って、ときにはプライベートを犠牲にしながらも道なき道を切り拓いてくださったからこそ今、女性が働き続けられる環境があるわけです。晩産だった私も、その恩恵はたくさん受けていますから、本当に感謝してもしきれないくらいです。

ですから前述の男性上司と同じく、ご自身のやってきたことや、キャリアを否定する必要はまったくないと思います。ただし、同じことを今の20代、30代女性に要求しても無理ですし、現実問題として、テクノロジーが進み、働き方改革や残業規制が広まった今、する必要もないと思います。

パイオニアとして大変だったことはわかりますが、私自身も、かつて上司にされていやだったことで意味がなかったと思うことは、部下にも意識的にしないようにしています。若いときは厳しいと思っても、あとあとよかったと思う苦労は、下の世代にもしてほしいですが、余計な苦労なしに若い女性が男性と同じように、それどころか有利に昇進していけるのは、組織にとっても社会にとっても、とてもよいことなのですから。

「男性脳と女性脳は違う」のウソとホント

少し前でしょうか、男性と女性の脳の違いがメディアで注目された時期がありました。書籍などもたくさん出て「男は仕事脳で女は恋愛脳」「男性脳はマルチタスクが苦手」など、読みものとしては面白くできていましたが、最近の研究によると、かなり科学的に疑問があるようです。

人類学者で総合研究大学院の学長でもある長谷川眞理子氏は、人間の性差について次のように語ります。

「哺乳類という動物は、雌が体内で胎児を育て、出産後は授乳するため、育児の負担が母親に偏っているけれど、生まれた子供はよく育つという分類のグループです。哺乳類の約95％は雌しか子育てに関わらず、雄と雌は、生活から体の形までまったく違う。しかし残りの約5％は、母親だけでは子供が育たない。これらの哺乳類は、父親は授乳はできないが離乳後に餌を取ってきたり、赤ちゃんを舐めるなどできることをし、そこに親以外の血縁や血縁以外の人も育児に関わる共同繁殖という種類に当たりますが、人間はまさにこれなのです。

共同繁殖する哺乳類というのは、そうでない種類に比べ雌と雄が同じような生活をするため、雌雄の違いはとても小さい。特に人間は他の動物と違い、体を使って喧嘩をするのではなく、頭を使って考えながら道具をつくったり、集団で合意形成などをしながら文化をつくって生きてきたので、進化の過程で雌雄の違いがどんどんなくなってきたのです」

そして、男性脳と女性脳という分類の仕方については、そもそもこの分類自体が誤りだと長谷川氏は指摘します。

「脳には、違うタイプの仕事があるのです。一つは物理的な世界を理解する能力。例えば物体を回したらどう動くか、投げた物体がどう跳ね返るか、といった物理的な物体の世界がどうできているかを理解し、学習する部分が物理脳。計数管理に関わるような部分もこちらが関係しています。一方、他人の心がどうなっているか、どう考えているかといったことを理解するのが、社会脳といわれる部分です。

人間は群れをつくって暮らす動物ですから、男女ともに両方の問題に対処しないといけない。しかし、この二つの機能について、たくさんの男女を集めテストをすると、平均して男性は物理脳、女性は社会脳の点数が高く出ることがあります。

人間の男性は200万年ともいえる進化の過程で、物理的に物を動かしていくことが多かったので、物体を回転させたときどう見えるかといった物理脳の部分については平均点が女性より高く出ることがある。

対して、女性は育児が比較的重要な部分を占め、言葉を発せない赤ちゃんが何を欲しているかを読み取るようなことに時間を取ってきた。結果、社会脳的なテストをすると、男性より少し点数が高くなることがあります。ただ男女逆の人もいて、個体差が大きいのです。

そこに教育による差も出てきます。少し前の日本もそうでしたが、男女差をことさら強調するような教育をしていると、男性は社会脳を、女性は物理脳を働かせるチャンスがなくなります。日本で『女性は理系に向かない』なんて言われるのも、そのせいです。少し前まで教育で男女の役割を分けてきたから、女性が理系に進むことを社会が奨励しない。理系的な能力を持っている女性がいても、訓練しないから発達しないわけです。アラスカのイヌイットの人たちは、雪原で犬ぞりを走らせる文化を持っていますが、彼らに物理脳と社会脳のテストをすると男女の違いがほとんどなかったという研究もあります。

男女の違いが、脳のつくりそのものによるのか、教育によるものかを分離することは難しいですが、多くが後天的、文化的要因によるものが大きいのではないでしょうか」

（以上、プレジデント総合研究所・若手向けキャリアデザイン研修動画『日本のダイバーシティの遅れを人類学から見た性差から考える』より抜粋・編集）

「アンコンシャス・バイアス」が女性の昇進を阻む

前段の通り、人間の男女差は哺乳類としてはとても小さい、ということが最近の学説となっているようですので、生まれながらの脳の性差や能力の差は、あまりないというのが正しいようです。ただし、日本において特に40代以上の世代は、親世代で社会的に男女の役割が大きく分かれていたうえ、学校でも「男女は違う」という教育を受けてきたので、なかなか腑に落ちない人が多いでしょう。

「女性のほとんどは、実は専業主婦になりたいのではないか」「ライフイベント中の女性に責任ある仕事を任せるのは気が引ける」「昇進したがるのは、脳が男性的な女性だけ」……こんなことを言う人は、まだまだ日本社会で少なくない。優秀でやる気もあるのに、上司や同僚にこういったことを言われた女性が、仕事へのモチベーションや自信を失ったり、離職につながったりしてしまったケースは、私が知るだけでも枚挙にいとまがありません。

これらは、いわゆるアンコンシャス・バイアス（無意識の偏見）による言動です。もちろん男性から女性に対してだけではありません。「男たるもの一家の大黒柱として家計を担うべき」「男は上を目指して当たり前」「若手は下積み的な仕事に徹するべき」といった言動も同じです。

「バイアス」というと、日本語では「偏見」ですから、それ自体を悪のようにとらえて直視するのを避けようとする方がいますが、それは違います。私の中にも、誰の中にもアンコンシャス・バイアスはあります。一番危ないのは「私は一切バイアスなどない」という方だと思います（そんな方この世にいないですから）。

主なバイアスの種類は**図22**に示す通りですが、誰でも少しは思い当たるところがあるのではないでしょうか。大切なのは、自分の中のバイアスを完全に消そうとするのではなく、まずは気づくことから。気づいたら、特に職場にいる間は、言動に出さないように意識的に気をつけること。これだけでも職場に及ぼす負の影響は劇的に変わります。悪意なしに相手を

図22　アンコンシャス・バイアスの例

個人

	傾向	例
ハロー効果	ある人物に好意を抱くと、その人物に対するすべてのものに対して好意的に考える	●学歴が高い人は優秀 ●社長は何でもできる ●欧米人は尊敬できる
ステレオタイプバイアス	あるグループに所属するものには特定の特徴があると判断する	●裁判官は男性 ●高齢者にITは向いていない ●外国人は自己主張が強い
確証バイアス	仮説や信念を検証する際にそれを支持する情報ばかりを集め、反証する。情報を無視、または集めようとしない	●ワーキングマザーは仕事より家庭を優先する ●長時間働かないと成果が出ない
慈悲的差別	少数派に対する好意的ではあるが勝手な思い込み	●子供がいる女性には負荷の高い業務や、海外出張はさせない ●気が利き職場を明るくする社員は好まれるが、評価・昇進の対象ではない
インポスター症候群	自分への過小評価・可能性を閉ざしてしまう思い込み	●上司は推薦するが、私にはリーダーは無理 ●どうせ上手くいかない ●成功したのは運がよかったから ●昇進できたのは女性活躍のため

組織

	傾向	例
正常性バイアス	危機的状況になっても、自分にとって都合の悪い情報を無視したり、過小評価したりする	●うちの会社は大丈夫 ●自分の部署には関係ない ●たまたま今回起こっただけ
集団同調性バイアス	集団に所属することで、同調傾向・集団圧力が強まり周囲に合わせてしまう	●会議は満場一致が原則 ●コンプライアンス違反 ●ハラスメント的な指導が常態化しているが、誰も意見しない
アインシュテルング効果	慣れ親しんだ考え方やものの見方に固執してしまい、他の視点に気づかないか無視してしまう	●過去の成功体験にこだわる ●どんなにいいプロジェクト案も前例がないと許可されない
コミットメントのエスカレーション	過去の自分の意思決定を正当化し、自分の立場に固執したり、損失が明確でも引けなくなってしまう	●多額の投資をした不採算プロジェクトから撤退できない

深く傷つけたり、仕事のモチベーションを下げたりすることが減っていくはずです。

これからの時代を担い、多様な人材をマネジメントするインクルーシブリーダーになるには、誰に対しても科学的根拠なきバイアスを向けることを意図的に避けることが、ご自身を守り、スムーズに部下をマネジメントすることにつながるのです。

多様な人材がいる組織には、心理的安全性の確保が必須となる

もう一つ、ダイバーシティ組織に必須の要素は心理的安全性といわれています。心理的安全性とは、ハーバード・ビジネススクール教授で、組織心理学の研究者であるエイミー・C・エドモンドソン氏が1999年に提唱した概念で、大まかに言えば「みんなが気兼ねなく意見を述べることができ、自分らしくいられる文化」のことです。

エドモンドソン氏は、著書の中で次のように述べています。

「職場環境にかなりの心理的安全性がある場合、いいことが起きる。まず、ミスが迅速に報告され、すぐさま修正が行われる。グループや部署を超えた団結が可能になり、驚くようなイノベーションにつながるかもしれない斬新なアイデアが共有される。つまり複雑かつ絶えず変化に対応する環境で活動する組織において、心理的安全性は価値創造の源として絶対に

欠かせないものなのである」（『恐れのない組織――「心理的安全性」が学習・イノベーション・成長をもたらす』英治出版刊より）

意見を言ったら、何かにつけて否定的な態度をとられたり、攻撃されたりする。序列が最優先で、上司が黒い犬を見て「白」と言ったら、部下はそれに従わないといけない空気が流れていたり、会議で話す順番などもあらかじめ決められていて、異質な意見は排除されたり、何かと牽制されたりする。こういった組織では、特に女性をはじめとしたマイノリティたちは委縮するばかりで、不安は蔓延し、誰もが安心して力を発揮する組織にはなりません。

結果、どれだけ多様な人材がいたとしても、イノベーションの妨げになるどころか、大きな事故につながりかねないミスを指摘する人間もいなくなる。多様な人材をマネジメントするということは、組織の中に多様な価値観が存在するということですから、自分の価値観や旧来の常識とは異なる意見が出るのは当たり前です。インクルーシブリーダーを目指す方は、ここを、部下とのコミュニケーションにおいて、特に念頭において心掛けていってほしいと思います。

この意味でも、いかに部下のためを思った言動であれ、パワハラは絶対に撲滅しなくてはなりません。特に女性は体力的に優っている男性に強く攻撃されると、委縮しがちです。自分自身がターゲットにならなくても、身近な男性上司が、その上の上司に怒鳴られているのを見て「あそこにいったら、次は私の番なのだ」と想像し、優秀な人でも昇進意欲がなくなることは本当に多いのです。怒鳴ったり、きつい言い方をしたりする上司が、同じフロアに一人でもいると、自分がターゲットになっていなくても、それを見た女性の異動希望者や離職者が激増したなどという話は数えるときりがありません。

仕事の丸投げと失敗後の放置は「組織の崩壊」に直結

パワハラ以外で、女性の心理的安全性を決定的に損なう行為は、仕事の丸投げと失敗後の放置です。私も経験したことがありますが、ほとんど指導をせずに、「若くてもお前に任せるから、結果だけ持ってこい。できたらほめるし、失敗したときは叱る」という上司がいます。この手の上司にもおおむね悪気はないんですね。自分があれこれ言われるのもいやだったし、若くても部下を信用して一度任せたら余計な口を出したくない。ただこれは、特に女性が多い組織においては、組織崩壊に直結します。

特に入社してすぐの頃や若いうちは、社会や組織のこともわかりませんし、日本の女性は、男性に比べて「言われる前に気づかいをしろ」「空気を読め」などと言われて育っていることが多いはずです。

特に、前述のように心理的安全性を高める努力をしていない組織ほど、女性は「こんなことを聞いたら怒られるかも」「言葉の裏を読まないといけないのかな」などと思いがちです。また上司がムスッとしていたり、笑顔がなかったりしたら、それだけで自分が何かして機嫌を損ねたのかと思ってしまう方も多いです。

特に若いうちは、上司から「どうだった？」「できているかな？」などと、こまめに途中経過について声がけしてほしいものです。

声がけしてもらえない、というのは無視、すなわちいじめと同じだと言う人もいます。女子高のいじめは無視だ、などとよく言われますが（女子高に行ったことがない私が言うのもなんですが）、仕事の丸投げや失敗後の放置は、まさにこれと同じではないかと私は思います。

上司が話しかけないので自己流でやって、どんどん上司の期待とずれていき、結果を持っていったら怒られる。それでも「どこが悪いか自分で考えろ」的な空気になって、同じことの繰り返し。失敗しても、この手の上司は「つらそうなときは少し放っておけば回復するだろう」などと思って、部下が自力で起き上がるのを待っている。そのうち部下は坂を転がり落ちるように自信も成績も落ちていき、最悪、退社や転職を考えるようになってしまいます。

いまだに「教育機関じゃないんだから、仕事は盗むべきだ」などと言う昭和上司がいます。もちろん仕事によっては、言葉では説明しにくい「匠の技」のような部分があるかもしれません。そこは盗んでもらうとして、それ以外については、きっちり言葉で指導することが必須です。部下の能力を評価するのは、それからです。丁寧に教えても、その通りにやらなかったり、できなかったりすれば、そのときに判断すればよいのです。

普通にパソコンに向かっている上司に、こちらから声をかけたら「今、俺が忙しいのがわからないのか、空気を読め」などと怒鳴る人も少し前はいたと思いますが、今は女性部下相手でなくても、こんなことをやったら上司終了です。私も、こういう方には用件のみで二度と話しかけてやるか、と心の中で神に誓います。それこそ、こんな上司には何の本音も真実も、大事故につながるような重大ミスの報告も入ってこなくなるでしょう。

声をかけられて忙しいときは、笑顔で「ちょっと今、手が離せないから、1時間後でいいかな」「明日の午前中じゃダメかな?」などと、状況を正確に伝えて、他意がないことをはっきりさせなくてはいけません。そうでなければ、部下の心には「声をかけたら怒られた」ということだけが強く残ってしまいます。

多様な人材と多様な働き方や価値観があふれる組織の中で、組織が向かう方向を常に示しながら、部下の力を最大限に引き出すための積極的な声がけや指導ができないのであれば、そもそもインクルーシブリーダーには向いていないのではないでしょうか。

とはいえ、心身ともに疲れていて、いつもと同じように対応できないときはありますよね。

常に体のどこかがだるく、精神的にもどちらかというとどころか、かなり神経質で（事実です）、全然打たれ強くない私なんて、そんなことはしょっちゅうです。

では、そんなときはどうするか。私は顔に出すだけではなく、正直に「今日は体調が悪い」「ちょっと疲れてるのですみません」と口に出すことにしています。そうすれば、部下も「今日は疲れてるんだな」と、自分のせいではないとわかるのではないかと思います。

上司の「余計な気遣い」で迷いなく時短にしてしまう女性たち

第1章で、本当の女性活躍には、長期間の育休・時短をすべての女性に奨励するのではなく、意欲的な方については、早期復帰させる対策や制度が大切だと述べました。

現場の上司の方々も、ぜひそういった支援をしていただきたいと思います。育休や時短が当たり前になった今だからこそ、マネジメントの方々に特に気をつけていただきたいのは、次のようなアンコンシャス・バイアスです。思い当たる節はないでしょうか？

「女性は子供を産むまでは男性と同じように働ける。が、出産したら、これまでと同じようには働けなくなるだろう。女性として家庭で育児や家事をきちんとこなしながら長く働けるようにマネジメントして、あまり責任が重すぎる仕事につかせないようにしよう」

これこそが最近流行の（？）バイアスに基づいた考えですが、この方向性が女性活躍だと思っている人がたくさんいます。男女ともにこういう方はいて、おおむね善意からですが、将来有望な女性のキャリアをつぶしてしまうことがあるので注意してください。

妊娠を報告したとたん、本人の意思や体調を確認せず「もう外回りに出なくていいから、内勤の仕事をゆっくりしたら」「復帰後はやっぱり時短にするんだよね？」なんて余計な気を利かせる上司もいます（もちろん妊娠中の体調が極端に悪い人、日常的に重いものを運んだり、ずっと立ち仕事が続いたりするような職場にいる人の場合は、配慮が必要です）。

私のように家庭内ロールモデルがいたり、キャリア志向が非常に強い女性部下であれば、「今まで通りで大丈夫です」と言えるでしょうが、優秀でも身近にロールモデルがいない、そこまでのキャリア意識がない女性だったらどうでしょう。ましてや初めての妊娠は、誰にとっても不安なものです。「上司がああ言うからには、やっぱり責任ある仕事は育児中は無理なんだ」「育休復帰後は、とりあえず時短にするものなんだ」と思い込んでしまう可能性が大いにあります。

この手の悪循環が組織に生まれると、実は復帰後にキャリアを積んでいける女性も、どんどんマミートラックに入っていきます（最近はマミートラック部署に、復帰後の女性たちが増えすぎて、もう入れないという状況も起きているようですが……）。そうなると、どうしても昇進や後のキャリアに影響が出てしまいます。

10年以上前は、フルタイムで復帰したら、男性と同じように限りなく残業をさせられるため、定時まででであればフルで働けた女性も、仕方なく時短にするケースが多く見受けられました。ただし今は働き方改革が、ある程度浸透したため「時短か果てしない残業もありか」みたいな極端な組織は減っているのではないでしょうか（もしそういった組織の場合は、即働き方改革を浸透させるべきです）。

こまめな雑談、コミュニケーションが女性の意識を前向きにする

では上司は、どうすれば女性部下にライフイベントがあっても、スムーズにマネジメントすることができるのでしょうか。一番大切なのは、普段からきっちりコミュニケーションが取れているかどうかです。「女性はこういうものだ」というアンコンシャス・バイアスを意図的に排除し、正式な査定面談でもそれ以外でも、将来のキャリアについてきちんと話ができていることが大切なのです。

男性部下であれば、飲み会や喫煙ルームなどで、将来管理職になることを踏まえ、多くの上司の方は「〇〇君も、そろそろ昇進を視野に入れて、こういうことをやっておいたらどう

だ」といった話をしてきたはずです。

ただ女性に対しては前述の「いつかマミートラックに入るから」「子持ちの女性は管理職につきたがらないから」というバイアスから、無意識にそれをしない上司がいます。例えば営業職であれば、営業スキルについては男性と同じように指導する。けれども、そこから営業マネジメント職として男性と同じように、どんどん上がっていくことは、あまり想定していない。女性総合職自体が、まだ数として少ない企業だと、今まで男性にしか真剣に指導したことがなく、女性に対してはどう接していいか戸惑いがあり、日常的に話しかけにくいという上司の方もいるでしょう。これでは悪気はなくても、マイノリティである女性からしたら「あまり期待されてない」と思われても仕方ありません。

こういったマネジメントを続けていると、もともと強いキャリア志向を持つ女性以外は、優秀でもゆるく働くほうに引っ張られてしまうかもしれません。同時期に出産した同僚が、皆時短にすると言えば、不安が強く迷っている女性もそちらに流れてしまいがちです。

よく「2：6：2の法則」などといわれますが、2割がいわゆる強いキャリア志向の女性、2割が家庭中心で長くゆるく働きたい志向の女性とすると、次世代インクルーシブリーダーとしては、真ん中にいて、どちらにもいきそうな6割の女性たちをできる限り、キャリアの方向に引っ張っていく意識を持って接することが大切になってくると思います。

第1章でも述べましたが、育休からの早期復帰制度をいち早く取り入れた、ダイキン工業の野間友恵人事本部人事企画グループ長（部長）の言葉を借りれば、企業は「女性の育児を応援するのではなく、キャリアを応援する」べきなのです。そのためには制度があればいいというものではなく、その制度の賢い運用が必須になってくるのです。

飲み会や喫煙ルームの代わりになり得るもの

では、日常的なコミュニケーションは、どう取ればいいのでしょうか。男女問わず、気軽に飲み会に誘ったり、喫煙ルームで煙草を吸う人だけで雑談、というわけにはいかない時代になりましたから、どうしてよいかわからず悩む上司の方も多いようです。

飲み会や喫煙ルームコミュニケーションの代わりに、会社の中で何かやるのであれば、飲み物やおやつなどを置いたコーナーをつくって、そこにラフに集まり、休憩時間に話すのもありでしょう。実際、女性活躍先進国のフィンランドには、フィーカというコーヒータイムの風習があり、会社の中でも休憩時間にお菓子をつまみながら、雑談するそうです。とにかく普段から声をかけ合って、コミュニケーションを取っていれば、今の仕事での成果だけでなく、ライフイベントを含めた将来のビジョンを共有し、すり合わせていくこともできますし、実際、部下の身に急な変化が起こっても、早く気づき、スムーズに対処することができるでしょう。

ちなみに「結婚・出産の予定や、本人の体調、親の介護など、仕事にも影響しそうなプライベートの動向について少しは把握しておきたいけれど、今は『彼氏はいるのか』『結婚や子供はまだか』などと聞けば、ハラスメントになりかねないのでどう聞いていいのかわからない」と言う上司の方もいます。

こういう場合は、男女関係なく「プライベートで何か心配なことはないか。何かあればいつでも相談してね」という感じで伝えておくのがよいでしょう。個人差はあるでしょうが、普段からの信頼関係があれば、ある程度開示してくれるはずです。

話を「遮らず、否定せず」共感するところから

また、定期的に1on1（ワン・オン・ワン）の機会を設けるのもいいでしょう。

1on1とは、評価や管理などを目的とした面談とは別に、部下と上司が定期的に行う対話形式の面談です。目的は部下の成長を促すことで、部下がどういうキャリアを描いているのか、またどんな悩みを持っているのかを上司が把握することで、サポートしていきます。

米国シリコンバレーでは、すでに文化として根付いており、近年、日本でも取り入れる企業が増えています。リモートワークが普及していて、直接、顔を合わせる機会が少なければ、リモートでも可能です。

正式な人事面談が、評価者である上司から部下への比較的一方通行の面談だとすると、１ｏｎ１は双方向からの対話型のコミュニケーションになります。上司の側も、自分のことを開示したり、部下からも意見をもらったりする場となります。

１ｏｎ１を効果的に行うには、まず相手の話を傾聴することが大切になってきます。傾聴とは、相手の話を遮らず、否定せず、目を見て丁寧に相槌を打つなどして、相手に安心感と信頼感を与え、相手の言葉で話してもらいながら、まずは思考を整理してもらうことです。「部下の話を否定せず聞いたら、解決できないようなことも、上司が解決してくれると思われるのではないか」という上司側の意見を聞いたことがあります。しかし「聞いたら、すぐ解決策を出すべき」という認識からして傾聴メインのコミュニケーションとずれています。

話を聞く＝即解決のスイッチが入る方は、相手がまだ話しているのに「その考えは間違っている」「プロセスはいいから結論は何だ」などと否定したり、遮ったりしてしまいがちです。極端なケースだと「解決できない不毛な話を聞かされて時間の無駄だ」などと怒りだす方さえいます。

これらは特に、日本の縦社会的な男性組織に慣れていない女性にとって、威嚇や牽制、場合によっては「人格の全否定」につながりかねませんので、絶対にやるべきではありません。たまに相手の顔の前で腕を振りはらったりする方もいますが、これこそ強烈な否定につながりますので、意識的にやめてほしい行為です。男性でも、こんなことをされてうれしい方はいないのではないでしょうか。

否定して相手が黙ったから「上司を正しいと認めて思い知った」などと思ったら大間違いです。こんなことが続くと、未来永劫、本音を話さない女性もいます（私もそうです）。

何も相手の意見をすべて受け入れろと言っているのではありません。受け入れなくていいので「うんうん」と一度、受け止める。これは相手の意見に賛成したという意味でなく、気持ちに共感したというサインです。そのうえで、「気持ちはわかった。ただ今すぐにそれを採用するのは、会社の状況からすると難しい部分があるから、少し待ってほしい」「価値観はいろいろだけど、こう考えたほうが将来的にいいんじゃないかなと思うが、どうかな」と相手の考えや価値観を尊重しながら、意見するところはしてよいと思います。

私自身、面談時や対話に来た部下の話を強く遮ったり否定したりするのは、「強い悪意」を感じたときのみです（例えば、あからさまな嫉妬による発言など）。多くの人は、会社や自分の仕事を何とかよくしたくて話に来ているわけです。繰り返しますが、多様な人がいる組織であればあるほど、価値観や意見も違って当たり前なのです。新しい価値観からイノベーションが生まれるのですから、まずは上司がそれらを柔軟に受け止めることで、相手の心理的安全性は増し、何か重大なことがあったときは、すぐに報告してくれるようになるでしょう。

上司が自己開示してこそ、部下も本音で話す

１ｏｎ１では、上司側の自己開示も大切になります。「女性が本音で話してくれているかわからない」などと言う男性上司がいますが、そう思うのなら、まずご自身が話しやすい環境をつくっているか、そして自分も本音で自己開示しているかどうか考えてみてください。男女問わずですが、自分が相手に心を開いて向き合っていなければ、相手が心を開くことはまずないでしょう。

部下の話を傾聴し、部下が悩んでいることなどを引き出せたら、「わかるわかる。自分も若い頃同じような失敗があって大変だったんだ」「今、私も子供のことでちょっと悩んでるんだけどね」など、積極的に自分の内面を開示していきましょう。

部下に弱みなんか見せたら、自分が下に見られてなめられる、などと思うかもしれませんが、そんなことはありません。すべてにおいて部下より能力が秀でている上司はいませんし、

その必要もありません。弱みがあってこそ、むしろ人間的魅力が高まると思います。

ただし、自己開示しようとして、上司が自分の話をしすぎると、部下の話す時間が少なくなってしまうので（私はこのタイプなので、気をつけないといけないと常々思っています）、全体的には部下の話をたくさん引き出すことに留意してください。

たまに度を越して、とりとめもない長話を続ける部下もいます。上司自身も人間ですから、精神的にあまり聴く余裕がないときもあるでしょう。しかし、こういったときに「不毛な話が長すぎる、もううんざりだ！」などと叩き落とすと、部下の不信感が募って後々まで溝が深まりかねませんから、「ごめん、次の予定が入っているからまた聴かせて」的に終了すればよいと思います。もし部下の精神状態に大きな問題があると感じるほどの状況なら、上司だけで抱え込むのは難しいので、人事や産業医に相談したほうがよいでしょう。

きちんと制度を知ってコミュニケーションする

このように、普段からきちんと自分の中のアンコンシャス・バイアスに気をつけながら、こまめにコミュニケーションを取っておけば、組織の中の心理的安全性は増していきます。

各部下のことを知りながら、上司としての期待も伝えておけば、部下がライフイベントにか

図23　育休・時短の短縮につながる1on1対話例

○○さんは優秀だし、できたら早めにフル復帰してもらいたいと思っている。そのほうが後々のキャリアにとっては絶対いいと思うし、会社もすごく助かる。○○さんならできると思うんだけど、どうだろう？
もちろん権利だから長く休んでもいいけど、もし早めに復帰する意思があるなら、私も会社も全力でサポートするよ。万が一の話だけど、産後に何かあれば、早期復帰を撤回してもかまわないし、そうなった場合も、私のほうで責任をもって何とかします。どうだろうか？

上司

➡本人の不安が出てきた場合（例：子供が病気がちだったら？夫が激務……など）

うん、不安はわかる。じゃあそれを解決する方法がないか一緒に考えてみない？

➡ここで、ベビーシッターや業務効率化、リモートなどの諸制度の利用を提案。不安が先立つ場合はまず共感して、

大丈夫じゃないかなと思うんだけど。やってみてだめなら一緒に考えよう。そのときに時短に戻してもいい

と提案。

かってきても、恐れることなく対話できるはずです。

ライフイベントを迎え、復帰後のことを相談に来た部下に対する具体的な会話例としては**図23**になります。

ポイントとしては、前述したように、まず1on1の手法で、部下の気持ちや不安に共感しながらじっくり傾聴し、上司はあくまで伴走するイメージで対話します。

「時短はよくない」「長く休むと周りが迷惑する」「とにかく早く戻れ」などと強要すれば、マタハラになりかねませんから、そこはあくまで「復帰後も変わらず期待している」と伝えたうえで、「私は時短じゃなくても戻れるんじゃないかなと思ってるんだけど、○○さんはどう思うかな?」「何か不安なことはないかな? 私に手伝えることがあれば、何でも言ってね」と相手の意思を尊重する言い方をしてください。

肝心なのは上司に強制されたからではなく、最後は、自分の意思で決めたという点です。その意味でも、上司自身に使う予定がなくても、社内の両立制度や過去の利用者の動向についてはきちんと把握し、生きた知識を持っておくことが大事です。

出産経験のない上司、特に男性は、妊娠中の体調のことなど聞きにくいケースもあると思います。妊娠・出産は十人十色と言ってよいほど個人差が大きいので、難しいと思ったら社内の出産経験のある女性に代わりに聞いてもらって報告してもらうのもよいでしょう。

こうして丁寧にコミュニケーションを重ねたうえで、それでも「どうしても長く休みたい」「できる限り時短にしたい」という部下は、それでかまわないと思います。出産は仕事と違い、実際に産んでみないとわからないことも多いですし、産後や復帰前に気持ちや状況が変わることも十分に考えられます。そこは復帰前にも面談と意思確認が必要です。

私自身、かつての部下を育休から早く戻したことがあります。彼女はすでに副編集長で、どちらかというとキャリア志向の女性でしたが、3人目の妊娠で、これまでの長期の育休がつらかったと話していました。『プレジデント ウーマン』創刊時からのスタッフであり、役職者である彼女の代わりになる人は社内外見渡しても見つかりません。そこで話し合いを重ね、シッター代をある程度会社が負担することで、産後3カ月で時短復帰、4月に子供が保育園に入って慣らし保育が終わったあたりで、フル復帰することになりました。2019年に「プレジデント ウーマン オンライン」がスムーズに立ち上がったのは、間違いなく早期復帰してくれた彼女のおかげです。

また、コロナ禍でフルリモートが普及したので、リモート復帰も可能になりました。弊社も保育園に入れる4月までは、フルリモートで復帰した女性管理職がいます。実際、通勤がなくなったので、この機会に時短をフルに戻す方も増えているようです。この波に乗って、育休や時短から早期復帰する方が増えれば、制度未利用者との軋轢や負担も軽減されるでしょうし、組織や企業の体力も増していくのではないでしょうか。

時短中の女性をどうマネジメントするか

両立制度を使っていない方の一部は、時短の女性に対して不公平感を抱いていることは、第1章の50ページで述べました。

現実的に、出産後、時短にする女性は日本企業でとても多いですが、『プレジデント ウーマン』の調査によると、制度未利用者との軋轢を防ぐのにも上司が強く関わってきます。プレジデント総合研究所顧問・相模女子大学大学院特任教授の白河桃子氏は上司のマネジメントで大切なことについて、次のように分析します。「時短勤務者や同僚の個人的な配慮に頼りすぎず、まずは社内の両立支援の内容についての周知（特に賃金がどの程度変わるかなどお金にまつわる部分）や仕事の公平な配分、業務量の調整など、時短者がいることを前提とした公平なマネジメントが必要となってくる」（『プレジデント ウーマン プレミア』２０２０年秋号より）。

図24の通り、これらの配慮を上司が怠っている組織では、仕事が属人化し、不公平感が増大しています。現場で何とかしてくれ、というのではなく、育休中や時短中の仕事量をきちんと把握して、そこに基づいて制度を使っていない人に仕事を配分したり、それを機に効率

図24　上司の説明や業務見直しで時短者と制度未利用者のギスギス感は解消される

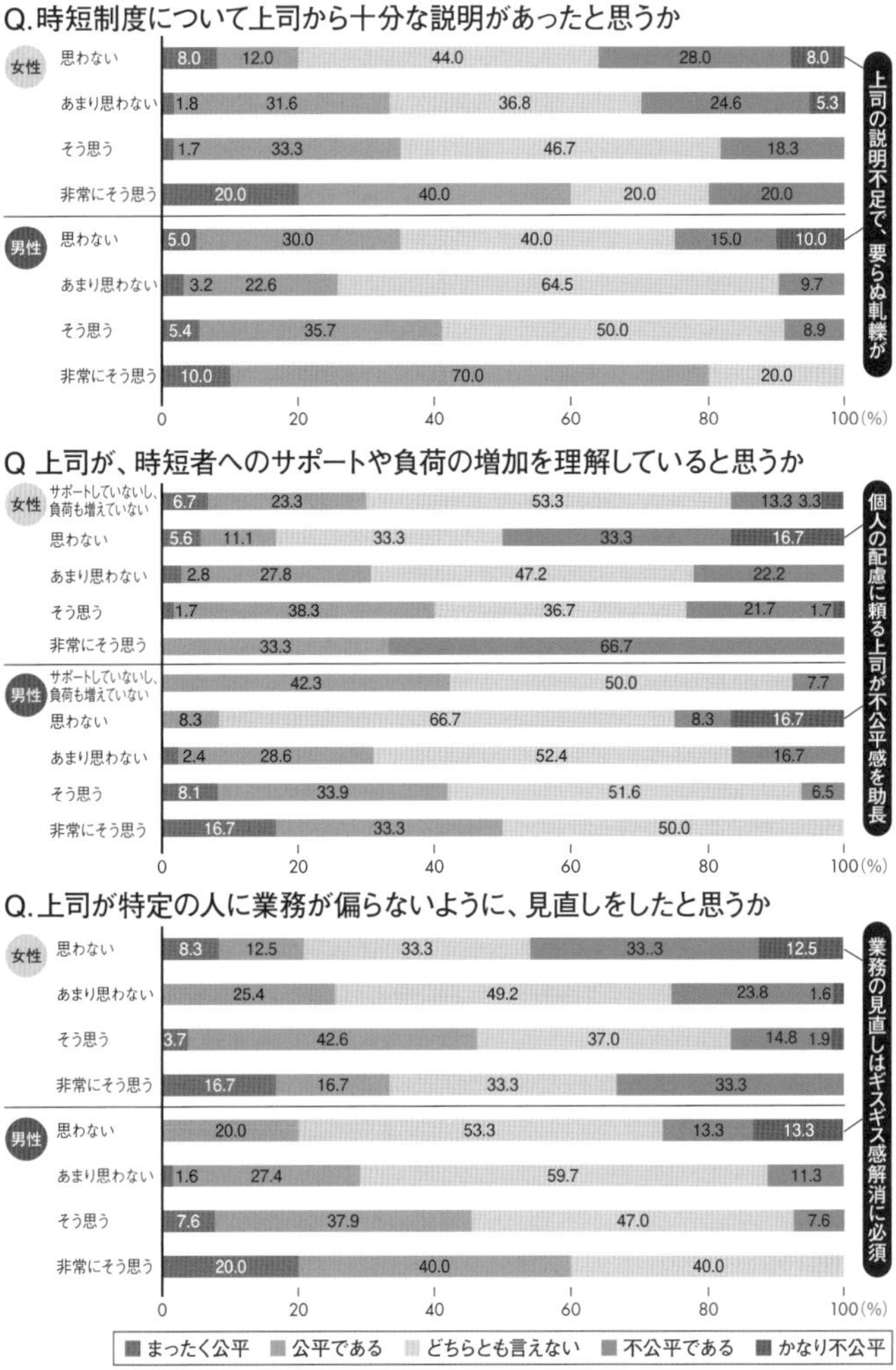

化できる業務は効率化し、システム化や外注するなどの調整を行うこと。

また「早く帰れてズルい」という声が上がったときに、時短者の給料とそうでない人の差が、どのくらいかをきちんと伝えられるようにしておくこと。時短の時間内でも、しっかり仕事の成果を出している人とそうでない人の評価は、適切に変えていくこと。

最初は面倒に思うかもしれませんが、こういったことを徹底していくことで、中長期的に軋轢が解消されて組織の状態はよくなり、上司のマネジメントは楽になっていくはずです。

女性の「謙虚すぎる自己評価」をうのみにしない

人事評価の際に、自己評価を導入している会社は多いですが、日本においては、一般に男性に比べて女性のほうが、自己評価が低い傾向にあるようです。

私も評価者として経験がありますが、上司としてすべての査定項目を完璧にチェックすることは難しい。そのため、どうしても評価の際は、自己評価に引っ張られてしまう傾向が出てきてしまいます。

ただ女性部下を持つ上司であれば、個体差はあるものの、女性のほうが男性より低めに自己評価をつけがちだということは念頭に置いておいてください。生まれつきの性差はあまりないと仮定しても、日本の教育や社会の中では、まだまだ女性は「女性らしさ＝控えめ、謙虚さ」を要求されがちです。そんな中で育っていれば、女性たちが「あまり高い自己評価はすべきでない」と思い込んでも仕方がありません。

ですから、全体的に女性の自己評価が低くても「自己評価が低いということは仕事ができないんだな」などと早合点せず、なるべく実績と突き合わせる、面談で自己評価の根拠をよく聴くなどの対策を取ってください。当たり前ですが、自己評価が高いからといって、実力があるとは限りませんし、多くの人事評価制度を設計している、セレクションアンドバリエーションの平康慶浩社長によると、多くの会社の人事評価は、そもそも声が小さい人が損をする仕組みになっているそうです。

ポーラでは、自己評価が低い傾向にある女性たちのために、外部評価を取り入れているそうです。「昇進を打診されて『私なんて』という傾向が強い女性でも、外部評価で『他社ではあなたと同じキャリアの人はこのポジションにいるよ』と示すようにすれば、背中を押され、挑戦する意欲につながる」ということです（同社及川美紀社長）。

第3章

20代からのキャリアデザイン教育が必要な理由

なぜ30代での管理職・両立研修では遅いのか？

一般的な日本企業であれば、おおむね最初の昇進適齢期（課長レベル）は、30代かと思います。それにともない、通常の管理職研修は30代前半頃に行うことが多いですが、女性の場合、年齢的にちょうどライフイベントにかかってくる時期ですし、すでに第一子を出産している方もいます。未婚でも、結婚・出産を少しでも希望している方であれば、そろそろ真剣に婚活を考える時期ではないでしょうか。晩婚・晩産が進んでいるとはいえ、日本人の平均初婚年齢は男性31・2歳、女性は29・6歳（2020年厚生労働省調査より）、2021年の第一子出生時の母親の平均年齢は30・9歳となっています（厚生労働省・人口動態調査より）。

第2章で述べたように、そもそも若い日本女性は、ライフイベントを非常に重くとらえています。きちんと仕組みをつくれば両立は可能ですし、むしろ管理職のほうが両立しやすいケースも多いのですが（第5章参照）、なかなか想像するのが難しいようです。そもそも今の新卒世代でも、ほとんどの方のお母さんは、完全な専業主婦という方は少ないものの、育休を取って復帰した方はまだまだ少数派。出産後、一度は正社員としての仕事を辞めて家庭に入り、育児が落ち着いてからパートなどの非正規で復帰された方が大半の世代です。

プレジデント総合研究所顧問・相模女子大学大学院特任教授の白河桃子氏によると、育休復帰組のお子さんが社会でマジョリティになってくるのは、２０１０年生まれ頃になると予想されるとのこと。あと10年近くはかかります。となると今の20代の大半は、まだまだ木下家実家のような家庭内ロールモデルがいない世代なわけです。

就職間近の大学4年生と話していても「ライフイベントで仕事を辞めて、専業主婦になることはまったく考えていませんが、自分のお母さんが3歳くらいまでは家にいてくれたので、取れるなら3年くらいは育休を取ったほうがいいのかと思いますが、どうでしょうか?」と聞いてくる方もいます。

この章では、多くの方がまだライフイベントにかかる前である、20代の若手女性社員に対するキャリアデザイン教育や研修の重要性について語っていきたいと思います。

採用時からアンコンシャス・バイアスに要注意

採用時に、性別を問うのは、とうの昔に違法になりました（一部の特殊な職種を除く）。また、もともと女性に偏った職種である、事務職や一般職の新卒採用をなくす企業も増えています。今は、どの企業も女性活躍やダイバーシティを強くアピールしていますが、学生側もいろいろな意味で昭和なブラック企業チェックを細かくしているので、そこは小手先だけではなく細心の注意が必要です。第1章55ページで述べたように、今は女性へのサポートだけでなく、男性育休の取得状況なども採用に大きく関わってきます。

特に、採用担当者にアンコンシャス・バイアスが働いていると、思わぬところに穴が開くので気をつけてください。

つい先日のことです。ダイバーシティをうたう某企業の新卒採用ページを眺めていたら、そこに添えられているイメージ写真が、結婚指輪をした日本人らしき中年男性が懸命に仕事をしている写真なのです。おそらく担当者は、写真のストックから何げなく選んだのでしょうが、学生からは、この写真のように、将来的は「既婚の中年男性リーダー」を目指せというふうに見えてしまうのではないでしょうか（この手のことに厳しい国、例えば私が留学していた北米では、ちょっとあり得ない選択だと思います）。

もし本気でダイバーシティを目指し、女性の採用を増やしたいなら、新卒採用のページでは、多様な若手社員が性別など関係なしに生き生きと仕事をしているような写真を選んだほうがイメージは、はるかにいいはずです。

また、企業のウエブサイトや説明会に登場する女性のロールモデルで、普通の女性が真似しにくいような、ものすごいスーパーウーマンだけを登場させるのも避けたほうがよいと思います。逆に、長期間の育休・時短を取ってゆるく働く役職なしの女性ばかりが両立事例として出てきたり、女性に優しいだけのアピールの仕方もやめたほうがいいでしょう。

ダイバーシティ推進をうたうのなら、採用段階で多様な人々だけでなく、多様な働き方をしている方々を登場させてほしいものです。そもそも、そういった多様な人材や多様なロールモデルとなる管理職がいない企業は、優秀な学生ほど敬遠する時代です。一刻も早く対策を講じてください。

採用時から管理職向けの人材を採って育てる

ものづくりに力を入れていたり、接客業がメインになるような業種の場合、「現場が好き」「お客様の喜ぶ顔が見たい」といったタイプの方が、たくさん入社されがちです。そういった業態の人事の方とお話しすると、上がる自信がないというよりも、いわゆる現場が大好きで、管理職になりたがる女性が少ないという悩みをよく聞きます（出版社も、まさにこの手の方が多い職場だと思います）。

こういった企業の場合、各種研修を導入して、管理職のメリットをきちんと伝えることはもちろんですが、できたら新卒や若手の採用時に、長い目で見て管理職向けかなと思うタイプをあえて採用しておくと、昇進させるのが楽になります。採用段階から少しそこを意識して面接を行う、また採用時にある程度タイプがわかる診断ツールなどを導入して、チェックしておくのも手です。ちなみに弊社では、今年から、CQファインダーという診断ツールを導入しています（146ページ～の付録①に簡易版があります）。

ただし典型的な管理職タイプの人材は、職人や現場命といったタイプの人材が多い企業だと、これらのマジョリティタイプとそりが合わないこともしばしばあります。入社後は、まず現場に配属されるのが普通でしょうから、あえて今までとは違った管理職タイプを採用するのなら、従来採用していた現場命のタイプにつぶされないように配慮しないといけません。

わりと早いうちに、持ち前のリーダーシップや合理性を発揮できる場を与えてあげるなどの対策が必要です。マイノリティが苦労するのは、どこも同じですから、そこは人事や上司がよく特性を見て守ってあげないと、すぐに転職してしまったりするので十分に気をつけたいところです。

「入社1年」で昇進意欲を失ってしまう女性たち

今の20代は、少なくとも社会人になるまでは、男女差をあまり感じずにきた人が多いと思います。ダイバーシティ経営のために、まず女性の採用比率を高めたい企業が増えているの

図25　女性は「入社１年」で昇進意欲を失ってしまう

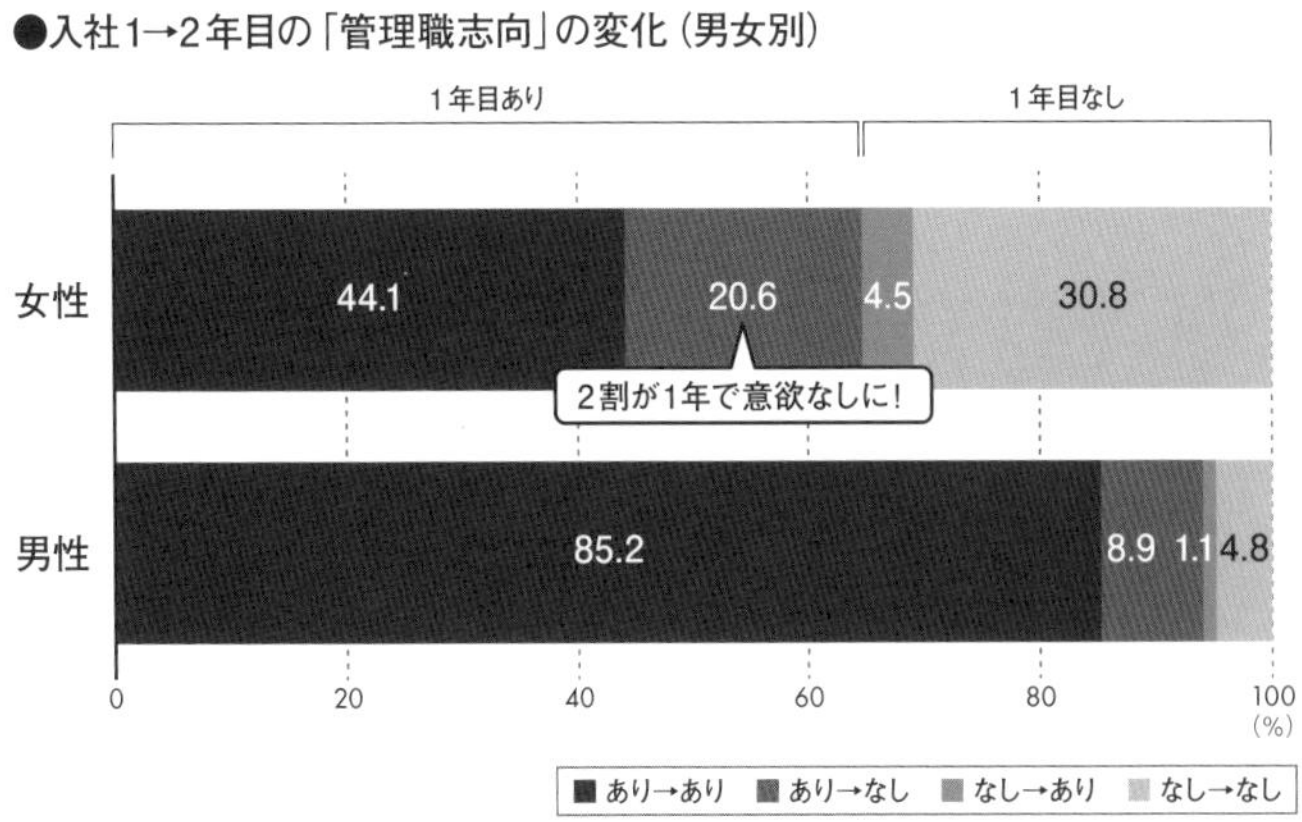

出典／独立行政法人国立女性教育会館 2017 「男女の初期キャリア形成と活躍推進に関する調査研究」より一部を改変

で、優秀な方なら、むしろ女性のほうが就活には有利な時代ではないでしょうか。

しかし、**図25**を見てください。現実的に入社してしまうと、1年目で女性の昇進意欲が下がってしまいます。

立教大学経営学部の中原淳教授は、その理由を次のように分析しています。

「最大のネックになっているのは、職場の長時間労働、働き方です。日本の職場では、働き方改革の大号令もむなしく、いまだに職場の長時間労働体質が抜けていません。長時間労働が横行している職場では、女性は『将来子供を産んだときに、仕事と家庭の両立ができないだろうな』と考えてしまいます。

このような長時間労働が横行し、それを見直す雰囲気のない職場で働いていると、女性の就業意欲は下がることがわかっています。女性の配偶者やパートナーも長時間労働が横行する職場で働いているなら、この絶望はさらに深いものになります。万が一、子供が生まれた場合には、さらに過酷な『仕事とワンオペ育児』の両立を女性が求められるようになるからです。

さらに、管理職や経営層にすでに昇進している人材が男性に偏っていることも問題です。私は仕事柄、企業の管理職研修を見たり、自分で担当する機会が多くあります。

まず、管理職研修でいつも思うことは、その参加者のアンバランスです。日本の企業の管理職研修では、女性が3割いることはまずありません。ひどい場合は、100名の管理職がいて、女性が2名程度の企業もあります。いても女性活躍系か総務系、広報系の部署に偏っています。

「入社してそういう実態を目の当たりにすると、女性は昇進意欲が失せるのかもしれません。自分が将来、経営層、管理職になるイメージが描けないのです」（「プレジデント ウーマン オンライン」2019年8月28日配信分より）

第1章と第2章で、女性に優しい制度以上に、上司と組織全体の働き方改革や柔軟な働き方が、女性活躍には大切だと述べてきましたが、まさにその通りであることは中原氏の話からもわかります。「あらゆる分野で管理職が男女同数いないのはおかしい」と語る20代社員も増えています。そこの改革を前提にしたうえで、入社した20代女性たちの昇進意欲を削ぐことが、ない対策や教育が必須になってくるのです。

「若い&女性」という二重のバイアスが昇進意欲を削ぐ

海外を見ると、政財界そして性別を問わず、20代、30代の若いリーダーたちが社会をけん引しています。日本も20代で起業する方はずいぶん増えましたが、まだまだ企業の中、特に大企業においては20代で管理職やリーダーを任されるケースは多くありません。

以前に比べるとずいぶん変わったとはいえ、日本企業にはまだ年功序列の人事制度と文化が強く残っています。男女問わず、20代は下積み時代で、優秀でも裁量を持たせることができない会社も多い。20代後半までは上のサポートや会議の資料づくりなどに徹する、早くとも30代にならないと一人前と認めてもらえないという企業もあります。

20代女性には、そこにさらに「女性」であるというバイアスがかかってくるわけです。第2章でも述べましたが、日本では、まだまだ女性に対するアンコンシャス・バイアスが根強く残っています（76ページ参照）。「若い」と「女性」、この二重のバイアスが、前述した昭和な働き方や、適切なロールモデル不在に加えて、日本女性の昇進意欲を削ぐ強い要因の一つであると考えられます。

人事の仕組みを変えるのは容易ではありませんから、20代から正式な管理職にするのは難しくても、ぜひ、チームリーダーなどで、若いうちから小さなリーダー体験をさせてあげてほしいと思います。

冒頭で述べた通り、30歳前後にライフイベントを迎える女性が多いことを考えると、そこで多少なりともキャリアにブランクが生まれてしまいがちです。それならば「どうせマミートラックに入るから」と考えるよりも、むしろ男性よりも早めに現場で実力をつけさせるとともに、会社や上司がキャリアデザインをサポートし、優秀な方はライフイベントを迎える前に昇進させたり、またはいつ昇進しても大丈夫という状態にしておくことが、今後女性管理職を増やすために最も大切な施策の一つとなってくるでしょう。

女性のキャリアデザイン教育は30代では遅い

女性活躍先進企業では、すでに若手女性向け研修や教育を取り入れています。20～30代前半の若手女性を対象とした選抜研修を実施しているダイキン工業の野間友恵人事本部人事企画グループ長（部長）は、「30代半ばをすぎると、仕事に慣れてきて自分の得意不得意もわかり、『私はこのままこの道で行くんだな』と自ら道を狭めてしまいがちです。その前にリーダー研修を受ければ、視野が広がり、よりレベルの高い仕事や新しい仕事に挑戦したいと思えたり、出産や育児といったライフイベントと両立しながら仕事ももっと頑張りたいという意欲が高まります。実際、この点は、若い女性社員の意識改革にかなり効果的だったと感じています」と語ります。

同じくリクルートでも「Career Cafe 28」という、28歳前後の若手女性を対象とした研修を行っています。同社の江藤彩乃ＤＥＩ推進部部長によると「この年齢は今後、ライフイベントを迎える可能性が高まっていたり、将来のキャリアに対して不安を抱えたりする時期でもあります。そのモヤモヤを事前に解消することが、復職後や30代以降の活躍につながるのではと考えました。研修では、主に自分の強みの棚卸しや、前倒しのキャリア構築について学んでもらっています。これまでに累計１３００名以上が参加しており、参加者の満足度は97％。『今、目の前の仕事に一生懸命取り組み、自分に付加価値をつけていくことが大切だとわかった』など、ライフイベントなどを経ても、自分らしく働いていける自信がついたという声も多いですね」。

このように、できたら入社3～5年目、遅くとも30歳くらいまでには、何があってもキャリアを貫いていくマインドセットを踏まえた「キャリアデザイン教育」を導入すれば、女性の気持ちは、ぐっと前向きになると思います。

実際、30代で出産後の女性を集めて両立研修をしたものの「明らかに遅すぎた」と断言する大企業の人事の方もいらっしゃいました。30代以降でも、この手の研修はしないよりはしたほうがよいですが、育休復帰直後や子供がまだ小さい方は、すでに育児と仕事の両立で頭がいっぱいになりがちです。

20代を普通に一般社員として過ごしていて、キャリアや昇進に対するマインドセットができていなければ、特にキャリア温存の仕組みをつくることもなく、ライフイベントに突入してしまい、「育児と仕事の両立以上のことを要求されても今は無理です」と戸惑うだけだったり、すでに家庭中心モードになりきって耳に入りにくい方も多いのです。

「女性だけの研修」に抵抗がある世代にどう対応するか

「女性だけに向けた教育・研修」というと、少なくとも学生時代、そして出産するまでは、男女平等でやってきた若い世代ほど反発が強いようです。女性だけ、という段階で「性差別だ」と、とらえられてしまうのです。

現実的には、前述のように入社後モチベーションが下がる女性が多いですし、上にいくほど女性の管理職の数が減っていきがちなのも事実です。特に女性活躍があまり進んでいない企業であれば、まだまだ企業の中でマイノリティであり、ライフイベントの負担なども現実的に重くかかってきがちな女性に対しての研修や教育は、私は必要だと思います。

それでも、社内での反発が非常に強く、どうしても女性だけのキャリア教育が難しい状態であれば、男女両方ともに使える内容を入れてはどうでしょう。これからは男性で育休や時短を取る方も増えてくるでしょうし、キャリアデザインやライフイベントとの両立教育は、性別関係なしに必要だからです。

しかしながら、男女ともに20代は結婚や出産についてまだどうするか考えていない方もいますし、そもそもそれをまったく望んでいない方もいるので、両立教育の部分は、希望者の方だけにオプションでつける、年齢が上がってから改めて考え始めた方も参加可能とするのも一つの手でしょう。

20代のときに習得しておくべき知識やスキルとは

では、今の現役世代が20代で学びたい、またはもし20代に戻ったら習得しておけばよかったと思っている知識やスキルとはどんなものでしょう。『プレジデント ウーマン』編集部の

図26　20代のときに習得しておきたい知識やスキル

Q.あなたが20代のうちに習得しておきたい（または習得しておきたかった）
知識やスキルはありますか（ありましたか）？（複数回答）

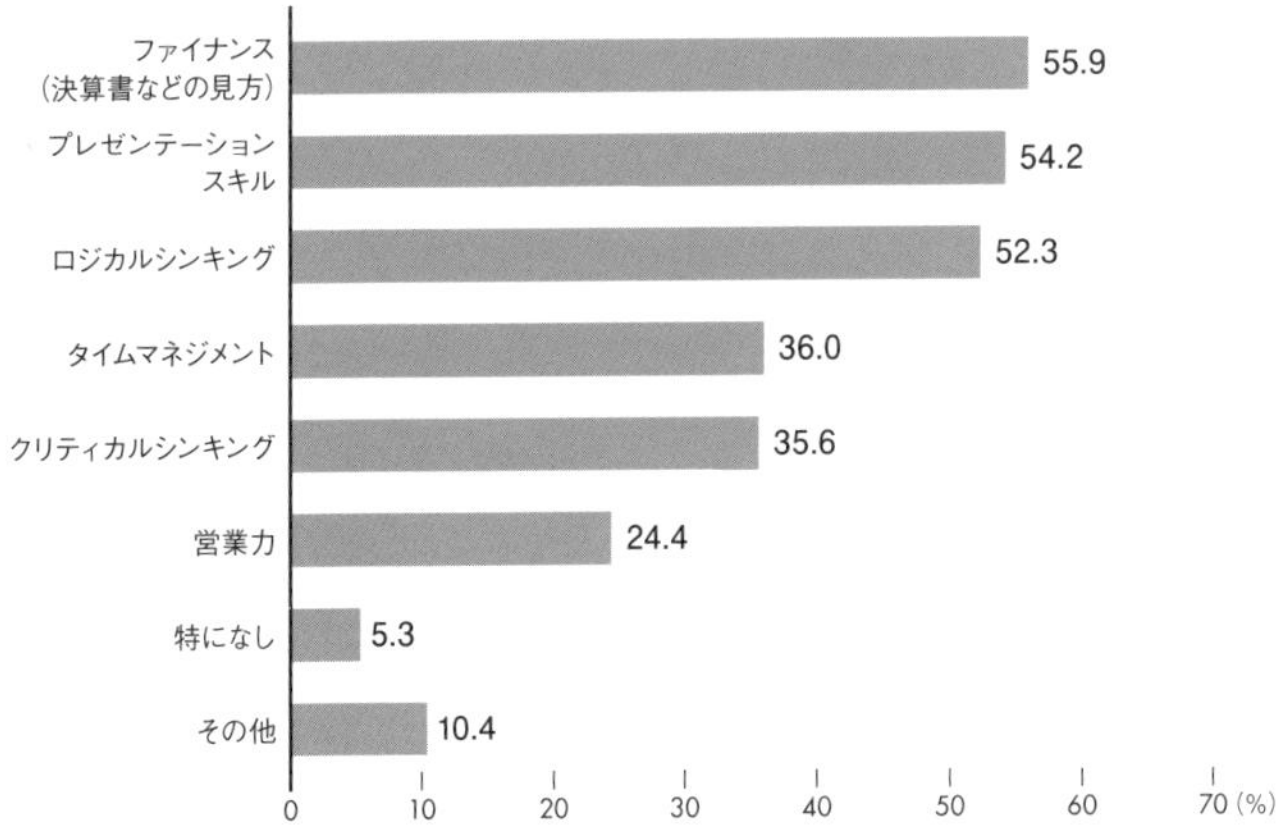

Q.将来のリーダー人材となるために、20代のうちから習得すべきと思う
知識＆スキルはどれですか？

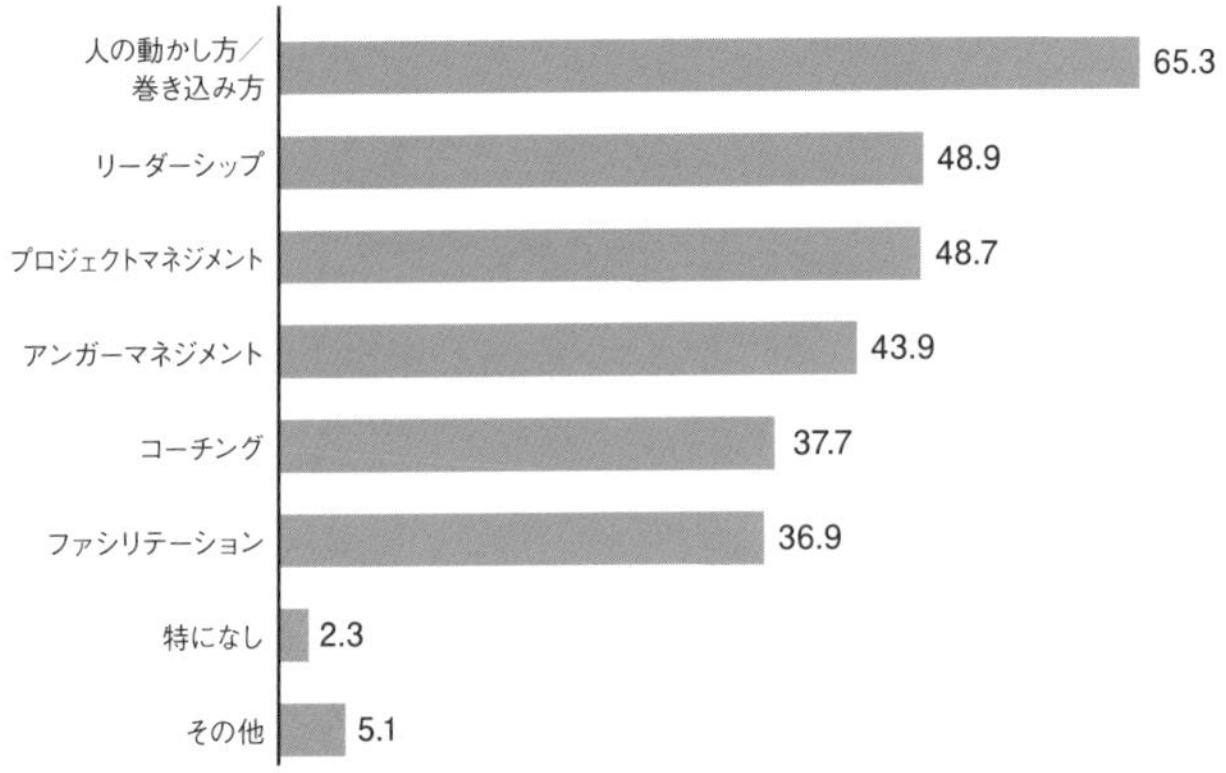

出典／『プレジデント ウーマン』編集部　独自調査による（働く男女472人にアンケート）

独自調査によると、図26になります。知識やスキルについてはファイナンス（決算書などの見方）とプレゼンテーションスキル、ロジカルシンキングがトップ3、将来のリーダーとしてのスキルは人の動かし方／巻き込み方、リーダーシップ、プロジェクトマネジメントがトップ3。年代別の集計でもあまり差は出ませんでした。これから若手社員向け教育や研修システムの導入を考えている、人事や経営の方の参考になると幸いです。

第4章
新任管理職と管理職候補の女性が考えておくべきこと

「管理職はプライベートが犠牲になる」のウソとホント

「管理職になると滅私奉公させられて、プライベートが犠牲になる」

私が、管理職候補の女性への取材や調査で、すでに何十回も聞いた言葉です。実際、アンケート調査をすると（図27）、昇進をためらう女性の多くが、その理由を「プライベートとの両立が困難になるから」と答えており、その割合は男性より圧倒的に多いのです。もちろん今の日本社会では、現実的に育児や家事、そして介護の負担が相対的に女性にかかってきがちなのは事実ですから、彼女たちが昇進をためらうのも当然といえるでしょう。管理職としての責任の重さを男性より強く感じているのも女性たちです。

では、現代の管理職の女性は、本当に男性や一般社員よりも不幸なのでしょうか？

120ページの図28をご覧ください。上図は、昇進した直後の幸福度ですが、この段階では確かに女性管理職より男性管理職のほうが高くなっています。しかし実際、管理職になってからの幸福度を聞くと、結果は下図です。男女ともに職位が上がるほど幸福度は高くなっていますが、実際に「課長」「部長」「役員」と昇進するほど急カーブで幸福度が高くなるのは、実は女性なのです。

でも、これは子供のいない女性の話なのでは？　自由なシングル女性だったり、既婚でも

図27　昇進意欲なき女性が恐れているのは「責任と両立」

Q. 管理職になりたくない／どちらでもいい理由は？

●女性トップ5

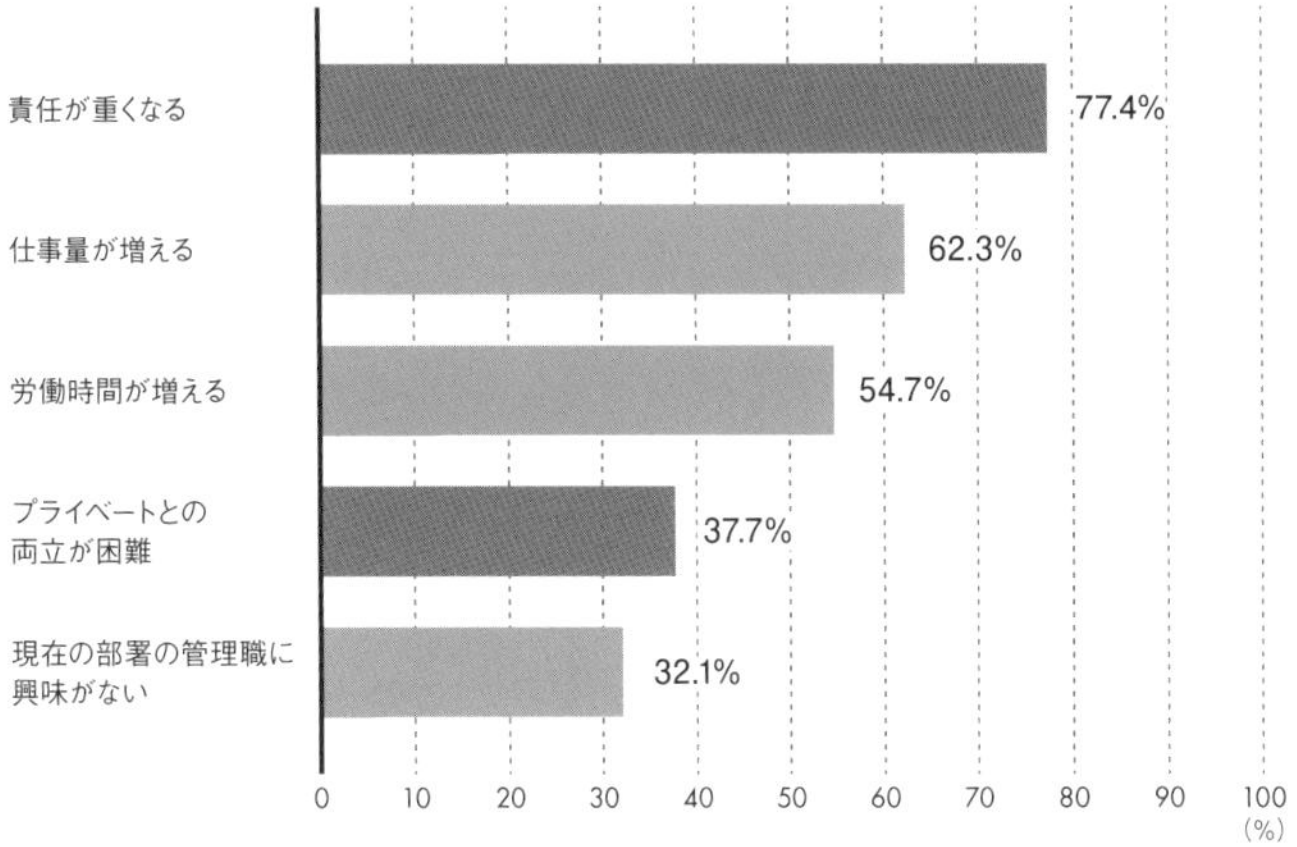

●男性トップ5

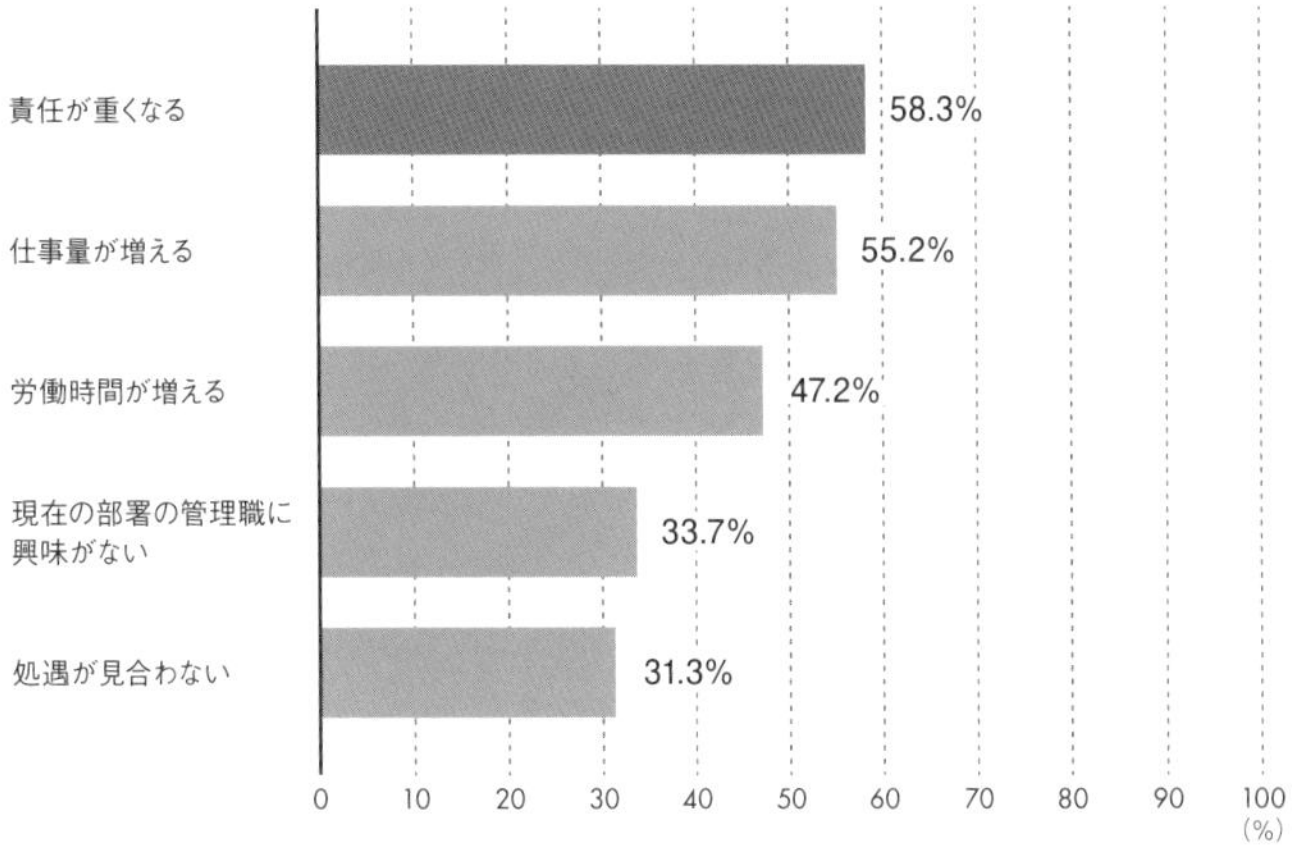

出典／『プレジデント ウーマン プレミア』 2022年秋号「ダイバーシティ&インクルージョン大調査」より

図28　女性は昇進するほどに男性より幸福度が高くなる

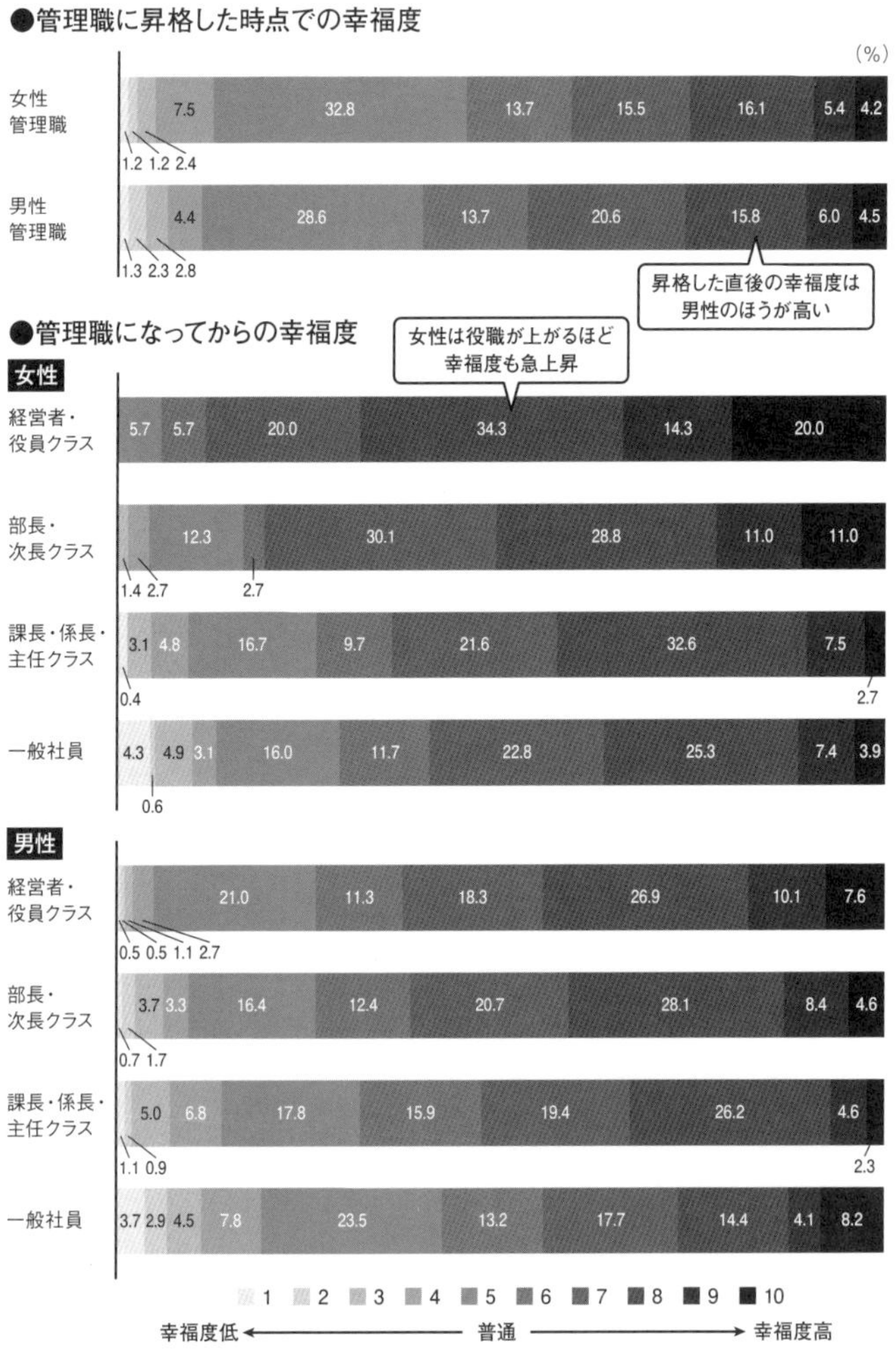

出典／「プレジデント ウーマン プレミア」 2022年春号 「昇進からお金、プライベートまで1200人「意識比較」大調査」より

図29　子持ち管理職女性は、公私ともに満足度が高い

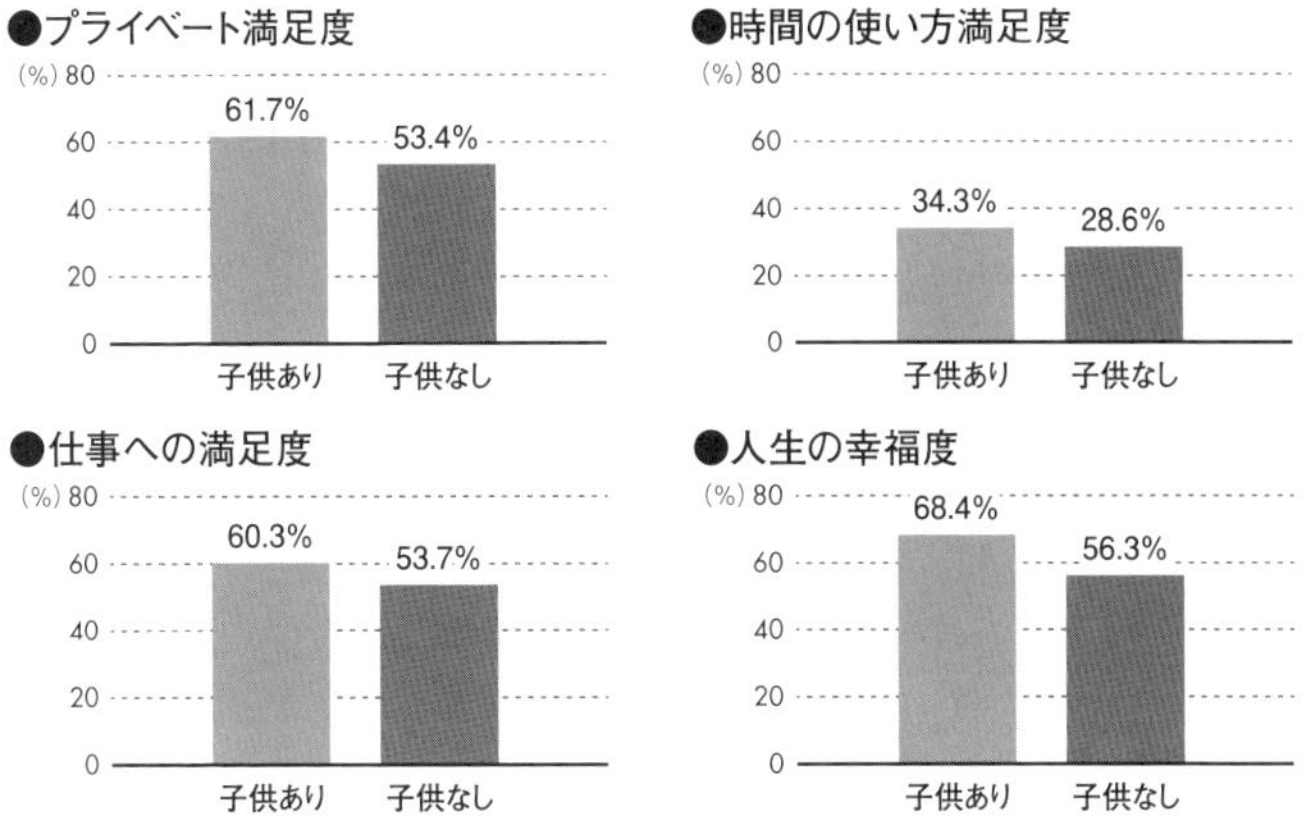

出典／『プレジデント ウーマン プレミア』2021年秋号「幸せな管理職たちの24時間のリアル2021」より。n=474

子供がいないから、男性並みに仕事にまい進できるだけでは？　という疑問を投げかけたくなる方もいるでしょう。

ところがどっこい、実は子供のいる管理職は、さらに幸福度が高い（ちなみに、離婚した子持ち管理職女性の幸福度は、さらに高いです）。プライベート、仕事、時間の使い方、すべての項目で子供のいない管理職女性より、子持ちの管理職女性に軍配があがっているのです（図29）。

私は、それこそ10年以上前、『プレジデント』編集部にいる頃から、この手の調査を何度も担当してきましたが、結果は毎回だいたい同じです。昇進意欲は女性より男性のほうが高いのに、管理職女性たちの幸福度は男性よりも高いのです。

「ためらっていた管理職、なってみればとっても幸せ」が現実なのです。私自身、昇進できてとても幸せです。

なぜ意欲と現実のギャップが起こるのか？

では、なぜこの手の意識と現実のギャップが起こるのでしょうか？　考えられる理由はいくつかあります。

一つは、社内にも家庭内にもロールモデルが乏しかったり、上司が同年代の男性と同じように管理職になるべく育成していなかったりして、現実の管理職のイメージがわかないことです。実際、自身のお父さんが連日遅くまで残業していて、家事育児はすべて専業主婦のお母さんに任せっきりだった。同じく、働き方改革が定着する前の上司が会社に滅私奉公させられている姿を見て、「私にはあそこまではできない」と考えてしまった。

私自身、管理職の最大のメリットは「裁量のある働き方」ができる点だと思っていますが、この点に気づいていない女性があまりに多いのです。

一般社員であれば、多くのことを上司の指示に従うしかありません。自分がいかに早く仕事の成果を提出しても、上司がこちらの都合や時間を考えず、なかなかチェックをしてくれない、決断してくれなければ、ただ待機している時間が生まれます。若いほど自分の裁量で進めていくのは難しいですから、「その間にこれをやっといて」といった上司の指示がなければ、何もしない空隙の時間が生まれるわけです。正直、これほど無駄なことはありません。

私自身も昇進する前は、手早く仕上げた原稿を当時の上司に提出したところ「ぱっと見問題はないけれど、他の記事がまだそろってないので、全部のバランスを見てから決めたい」と言われて、1週間以上待たされるなんてことはよくありました。ようやく戻ってきたと思ったら、だいたい赤字は誤字1カ所だけだったりするのです。すぐにチェックしてもらえれば、作業をどんどん次に進めていけますが、部下の立場では「早くしてください」とはなかなか言えません。上司に悪意がなくとも（実際、この元上司も悪い方ではなく、むしろ部下思いの方でした）、どんどん時間は浪費されていきます。

働き方改革の浸透で、こういう方はだいぶ減りましたが、私生活を犠牲にした長時間労働を評価する上司の下につけば、部下のプライベートもどんどん犠牲になるのです。

昇進すれば、驚くほど意見が通るようになる

しかし、自分が上司の立場に立てば、状況はガラリと変わります。

自分がスピードアップすることで、組織全体の動きを早くすることができるからです。部下から上がってきた仕事は、すぐにチェックする。だめならだめですぐに戻す。私の場合は、原則24時間以内にはチェックすると部下に伝えています。ただし生来の注意欠陥でメールをよく見落とすので、返信がない場合はリマインドしてもらっています。どうしても時間がかかるときは、あらかじめその旨と理由を伝えておけば、部下も腹落ちして、ほかの仕事に着手できます。自分が合理的かつ効率的に早く進めていくことで、部下も「あの上司は仕事や決断が速い」と感じ、そういう上司が上に行けば行くほど、組織全体の動きも早くなっていきます（前述の上司のように、逆の場合は逆の状況になりますが）。

それでも仕事が遅いタイプの部下がいる場合は、一人一人をよく観察します。仕事を細切れにし、小さな締め切りを設定して声がけしていくと、スムーズに進むタイプもいれば、とっかかりが遅くても、信じて任せておけば最後に集中力を発揮してやり切るタイプもいます。どちらにせよ、病的に遅いタイプ以外は、対処法はあるわけです。

自分や家族の体調が悪いなど、上司側にもプライベートで何かありそうなときは、管理者として会議をずらすことだって可能ですし、とにかく上司自身が長時間労働をせず、それを絶対に評価しないと言い渡せば、部下もだんだん残業しなくなります。

権限が増せば、社内外で自分の意見を通すことも可能です。私自身、一般社員のときに、ものすごい労力をかけないと通らなかったような意見が、管理職になったら、それこそ一言で、すっと通るようになったことが何度もあります。突然、敬語になったり、態度が豹変したりする人もいます（これが人間として正しいかはわかりませんが、現実です）。

社外に出ても、同じです。名刺に役がついていれば、それだけで一目置かれますし、話も通りやすい。今まで、想定外のことを聞かれたら「上司の同意を得てきます」「持ち帰ります」などと言っていたのが、その場で決済できるようになり、何日もかけていた商談が一瞬で済むことも多くなるのです（自分の性格や能力は役がついただけで一夜にして変わるわけではないのに、なんだかなあ……と思うこともありますが、組織や、そもそも人間の社会ってそんなものなのです）。

自分の意思で決められることが多いほど、人間は自由になれます。男性たちの中には、ここに気づいていて、自分が上に上がれば、いろいろなことを変えてやろうと、昇進を心待ちにしている人もたくさんいます。

女性は、まだここに気づいていない人が多いようですが、実際、女性管理職に取材をすると、この思わぬ「裁量権」を得ることで、仕事もプライベートも楽になったという方が本当に多いのです。

私自身も、管理職になってこの裁量権を得たことで、本当に人生楽になりました。

元来、体力に恵まれず、きわめて怠け者体質な私なので（全然自慢になりませんね）、楽なのが一番幸せなんです。

日本女性のいきすぎた不安と自己評価の低さ

また昇進を過度にためらう理由として、日本女性の自己評価の低さと強い不安があります。第2章でご説明したように、女性は男性より自己評価を低くつけがちなことがありますが、昇進をオファーされたときも同じなのです。これまた女性たちから、いやになるくらい聞いた言葉が「今は昇進したくない」「もう少し実力やスキルをつけてから昇進したい」。昇進候補の男性たちからは、ゼロとは言いませんが、あまり聞かない言葉です。

とある大企業で講演させていただいたときのこと。全国から選抜された、管理職候補の優秀な女性が20代から50代まで集まっていましたが「明日昇進と言われたら、どう答えますか？」と尋ねたら、「家庭の問題さえなければ、すぐに昇進したい」と答えた一人を除いて、全員が「昇進したくないわけではありませんが、もう少し実力やスキルを積んでから昇進を考えたいです」と答えました。

その場に、人事や広報の男性が10人ほどいましたが、「男性で、この回答を理解できる方はいらっしゃいますか？」と聞いたら、理解できた人はゼロ。どう見ても眼が点になっている男性もいました。

女性たちの中には、採用時は事務職で、そこから総合職に転換した方も含まれていましたが、皆さん、さすが全国から選抜されただけあって、話していても受け答えは相当にしっかりしており、すぐに上がっても何の問題もなさそうな女性たちばかり。それこそ管理職として取材をしても、きっちり対応できそうな方々ばかりでした。その方々ですら答えはこうなのです。

講演や研修をするときに担当の男性管理職の方から「男性管理職だって大した仕事をしていない人は実はたくさんいるんです。でもウチの一般社員の女性たちは、管理職って全員すごい仕事をしていると思っているので、そうじゃない人もいるんだって木下さんから伝えてほしい」と言われることがあります。

まさにその通りで、特に中間管理職レベルで「なんでこんな人が昇進できたんだろう」と思うくらい、イマイチどころか、なんじゃこりゃレベルなダメダメな男性上司なんて、どこの会社にも多少はいますよね（たくさんいたらヤバいでしょうけど）。

それこそ少し前の大企業であれば、正社員の男性というだけで、係長や課長レベルくらいまでは、ほとんどの人が上がれた時代がありました。ですから、女性だってイマイチな管理職がいたっていいわけです。ですから、女性だけが臆する必要はまったくありません。

なぜ日本女性は不安になりやすいのか？

最近の学説で、人間の雌雄の差は、実は極めて小さいと言われていることは、第2章で述べました。しかし、現実的に見ると、日本における自信や自己評価における男女差は、それなりに大きいようです。

理由の一つは、やはり前述したように女性がお手本にできるようなロールモデルの極端な不足、また、そこに起因する管理職という仕事そのものに対する理解不足でしょう。

もう一つは、第2章75ページで人類学者の長谷川眞理子氏も指摘している通り、「男女の役割を分ける」という過去の日本の教育でしょう。特に私の世代、今の40代後半以上は、中学校からは女子は家庭科、男子は技術科と履修科目が分かれていましたし、出席番号は原則男子が先で、そのあとに女子が続きます。私が通っていた田舎の小学校では、卒業式などのイベントに参加したり、何かを鑑賞したりする場合に並ぶときも、必ずこの番号に沿って男子が前で、女子は後ろでした（この話を留学していたカナダの大学院の授業で話したら、参加者全員が驚いていました）。道徳の時間に「男は強くなければいけない（優しさもいる）」「女は優しくなければいけない（強さもいる）」と、先生が平気で黒板に書いて教えていました。

また進学した公立中学は、体育館で行事があるとき、女子が制服で座るときは、必ず正座でした。足をくずしていいのは、長時間になって先生からくずす許可が出てから。中学に入れば、どうせ正座になるのだから、と小学校高学年から女子のみ正座を強要する先生もいました（男子は体育座りで許されていました）。

当時の先生の中には、授業中に「男と女は違う。子供の好き嫌いなんて、すべて母親の料理が影響している。仕事から帰ったら三つ指ついて男を立てるのが女だ。足を上げて靴ひもを結ぶような女は嫁にもらうな」なんて熱く語る人もいました（私は子供心に違う、と思いましたが、言えませんでした）。これは田舎のかなり極端な例とは思いますが、昭和の学校では、多かれ少なかれ「男女は役割が違うのだ」という教育がなされていたのではないでしょうか。

さらに就職時の差別です。男女雇用機会均等法の施行以降も、不況を理由に男女の機会均等はあまり守られていませんでした。今ではあり得ないことですが、私の就職時代である超氷河期といわれた1990年代半ばは、企業が女性は一切採用しないなんてことは日常茶飯事でした（女性差別に反対する女子学生のデモまで起きていたものです）。

今の管理職候補の女性の中には一般職で入社し、仕事は男性のサポートのみ、数年で結婚退社と考えていた人もたくさんいます。昇進していくなど夢にも思わなかったところからキャリアが始まっているのですから、「男性と同じように上を目指せ、自信を持て」と言われても、戸惑う女性が多いのは当たり前です。

ただ程度の問題こそあれ、海外のキャリア女性を取材していても「最初は不安だった」「今でも自信満々ではない」という方々が多いので、やはり社会的なマイノリティで、ライフイベントを重くとらえがちな女性が不安になるのは世界共通なのではないかと思います。

かくいう私も、実は不安が常に強く、新しいことをやろうとすると必ず「できないのではないか」という気持ちがよぎります。ただ自分は不安になりやすいものだ、という意識があるので、とりあえずはやってみることにしています。「やってみたらできた」ということのほうが多いですし、不安を解消する方法は、動いてみて克服した、ということに尽きると思っています。心の中で不安を抱え続けるだけで行動に移せず、マイナス思考がぐるぐる回るほど、無駄なことはありません。

不安が強いので、それを克服するために周到に準備することで結果を出し、どんどん上に行けたという女性の事例もありますので、不安そのものは別に悪いことではないと思います。

昇進のチャンスを逃した女性が陥るジレンマ

昇進に限らずですが、人生、上がれるチャンスが来たら、きっちりつかむべきです。一度逃してしまうと、次のチャンスは、いつ来るかわかりません。「もう少し自信と実力がついてから」「育児が終わってから」などと言っていると、昇進意欲の高い人に、あっという間にポジションを取られてしまいます。管理職に向いているとか、能力が足りているかどうかは、自己評価だけで決めることではありません。会社や上司、顧客の評価などで総合的に決まっていくからです。

「もう少し待ってから……」などと、昇進をためらっているうちに、少し前まで自分の下にいて、特に優秀でもなく、むしろ指導したり叱ることもあったような、5歳、10歳年下の男性（もちろん女性の場合もあります）が、さっさと上がって上司になってしまうようなケースも少なくありません。

そういう上司の指示や決済を仰がないと、新しいことは何もできなくなってしまったし、裁量ももらえない。実際そんな状況に陥った女性たちは、どうなるでしょうか。結果、仕事に情熱的で、それなりに優秀だった人ほど、モチベーションが落ちてしまい、出社するのもしんどくなってくる。最後は「私、もう会社を辞めることを考えているんです……」。こんな話はたくさんあります。

正直、こうなってからでは、もう遅いのです（私もアドバイスしようがありません）。

自信やスキルなんて、上がってから必要だと思えばつけていけばいいのです。極端な話、上がってからどうしても向いていない、こなせないと思えば、そこで降格してもよいのです。

何事もそうですが、まず上がってから元の場所に戻るより、現状維持を自ら望み、やっぱり上がりたいとなってから上がるのは何倍も大変だということを謙虚すぎる女性の皆さんは肝に銘じてほしいと思います。

昇進後、疲弊してしまう元優秀プレイヤーの特徴

昇進した女性が相対的に幸福であることは前述の通りですが、とはいえ、中には疲弊したり、つぶれてしまう女性もいます。その中には、プレイヤーとして、とても優秀だった女性も含まれるのです。

では、実務は優秀なのに、うまくいかない管理職女性とはどんなタイプでしょうか？

まず一番多いのは、完璧主義の女性です。『プレジデント ウーマン』では創刊以来続いている「女性管理職の失敗は星の数ほど」という人気連載がありますが、多くの女性役員も昇進したての頃に完璧主義の罠に、はまりこみ苦しんでいます。

仕事は、すべて自分で納得がいくところまでやり切り、部下の分も丁寧にチェックする。そして家に帰れば、夜中まで家事（子供がいれば育児も）をこなす。結果、破綻どころか、自分が救急車で運ばれたとか、入院してしまったところまでいって初めて行動を改めた方も多

いのです。女性リーダー関連の記事をつくっていると、あまりにこの手の話が多いので、「完璧主義」という言葉がタイトルに使えなくなってしまい困りました。そのくらい優秀な女性の多くが一度は、はまり込んでいる罠ということです。

本当に日本の女性は真面目で責任感が強いのだと思います。けれども、現実的に完璧な人間も完璧な仕事もまずありません。「こちらのほうがよい」というベターはあっても、ベストの定義は難しいものです。おおむね、この手の完璧は自己満足であることが多く、端から見ると「そこまでやる必要はない」「全体が把握できていない」「細かすぎる」といった評価であることが多いのです。男性にもこのタイプはいますが、特に女性の場合は、周囲のアンコンシャス・バイアスも相まって「女はやたら細かすぎるから、人のサポートや現場はいいけど、やはり管理職に向かない」というレッテルを貼られてしまうこともしばしばです。この後、第5章の両立のパートでもお伝えしますが、仕事もプライベートも100%完璧を目指すなんていうのは、絶対に不可能ですし、どこかで自分も組織も破綻します。

これは上に上がるほど、意識的にやめるべき行動です。管理職、マネジメント職の仕事は実務より、文字通りマネジメント能力のほうが大切になってくるからです。自分が積極的に動くのではなく、人をいかに動かすか。その能力が問われるのです。適度に怠け者、苦手なことは人にやってもらいたい、くらいのかまえでいいことも多いのです（自己弁護に聞こえるかもですが本当です。でも責任は、きちんと取ることが前提ですよ)。

マイクロマネジメントと現場原理主義の罠

完璧主義の度が過ぎると、「マイクロマネジメント」や「現場原理主義」の罠にも陥りかねません。部下の仕事を1から10までチェックし、プロセスまで自分流に染まってくれないと気が済まない(新入社員レベルならともかく、ある程度経験がある部下に対して、これはまともな指導とはいえません)。連日、現場に出て行き、自分が部下の分まで実務をやってしまう。例えば営業職であれば、プレイヤーと同じように自分も営業に出て、「現場100回」などと言いながら、どんどん数字を取ってきてしまう、といった感じでしょうか。これは男女ともにあり得ますが、特に現場が大好きで真面目な女性ほど要注意です。

このやり方だと一時的に数字は上がるかもしれませんが、ほどなく自分も部下も疲弊し、結果的に組織全体で業績を上げていくことは難しくなります。下は相当窮屈な思いをするだけでなく、下手をすると上司のロボットのように働く部下が大量生産されるだけで、自分で考えて動けるような人材は育ちません。

それまでいかに自分がトッププレイヤーであっても、あえて裏方に徹し、現場の手柄は部下に渡す。同じレベルで数字を上げられるように、そのつど足りないところを指導して、あとは任せる。もし失敗した場合は、一緒にカバーする。最終責任は自分が取る（とはいえ、そこまでひどい状態になることはそれほどありません）。それでいいのです。

自分以外ができることはあえて自分でしない勇気を

すべてにおいて部下より優れている上司などいません。経営者クラスであっても苦手なところは必ずありますし、そこはあえて得意な人にやってもらえばいいのです。逆にそれを自覚していて、上手に人に仕事を頼める人が、スムーズに上がっていくのだと思います。

もちろん今は人手不足の時代ですし、会社によっては特に課長レベルの場合、プレイングマネジャーとしての役割が求められるケースも多いと思います。けれども度の過ぎた完璧主義や現場原理主義は百害あって一利なし、自分も周りも消耗させるだけです。部下が、ちゃんとやれるか不安に思っても、少し肩の力を抜いて任せ、何かあれば自分が責任だけは引き受けるつもりで、どーんと構えているくらいの気概は、とても大切です。

日本の女性は、特に「自分のことは自分でやるべき」などと言われて育ってきた人も多いでしょう。しかし、組織の中において上に上がりたいなら、「自分以外ができることはあえて自分でしない」勇気が大切なのです。

今はどんな仕事であっても、スピードが問われる時代です。私が手掛けている編集の仕事にしても、紙の本や雑誌だけだった時代は、多少遅くても丁寧さや緻密さが求められた部分がありましたが、今はオンラインが主流になり、連日記事をアップするため、とにかく仕事が遅いと回りません。さらに媒体以外にも、さまざまな事業を手掛けていかなければならなくなりました。動画や商品開発なども手掛けるようになり、異業種からスタッフがどんどん入ってきて、自分はまったくわからないことも増えていますから、お任せしながら学ぶしかありません。

一つの仕事や専門性に強迫的にこだわり、完璧ばかりを追求していると、確実にスピードは落ちますし、ましてや管理職がそれをやっていると、組織全体の動きも鈍くなってしまいます。そうすると、ビジネスにとって命取りになりかねません。

私はと言えば、そもそもが怠け者ですし、ラッキーなことに部下に優秀な方が多いので、現場は必要なときだけ出て、中堅以上の人にはなるべく任せることにしています。「同行してほしい」と言われれば、もちろんしますが、総責任者である編集長が、連日取材現場をうろうろしていても、私のことをよく知らない若いスタッフなどは、緊張するだけです。ただメールやチャットの返信速度だけは、そんじゃそこらの管理職には引けを取りません（せっかちな性格もありまして、これはホントです）。

「指導に力が入りすぎてパワハラ」に要注意

もう一つ、最近よく聞くのが、せっかく昇進した女性管理職がパワハラで降格になった、事実上、転職せざるを得ない状況に追い込まれてしまったという残念な話です。

私が入社した20数年前は、パワハラもセクハラも程度の差はあれ、どの会社もそれなりに横行していましたし、ささいなことで怒鳴る上司や、部下のミスをメールで同報しまくる上司など普通にいました。金融関係者に聞くと、頭越しに四季報が飛んできたなどという話もあります（今は紙の四季報はあまり見かけなくなりましたので、さすがにパソコンを投げる上司はいないと思いますが）。ただ時代は大きく変わりました。

２０２１年、パワハラ防止法が施行され、22年から中小企業にも適用になり、研修を導入する企業も増えてきました。10年前どころか、数年前は「指導の範囲」で許されていた言動も、どんどん許されない時代になっています。

部下にスマホなどで録音、録画されて、人事に突き出されるだけでなく、最悪ＳＮＳなどでそのまま流されるケースもあるようです。自分の若い頃に普通だったことを部下にしてしまっては、自分の身が危なくなるのです。

昔もそうだったと思いますが、そういったパワハラ的な言動は、多くの上司に強い悪意はなく、きちんと指導したいとか、業績を上げたいという情熱の裏返しだったのではないでしょうか。とはいえ、今パワハラ防止法で禁止されているような言動や指導は、第2章でも書いたように組織の心理的安全性を大きく損なううえに、部下の反感を買うだけで、あまり指導効果はなかったように思います。優秀でも、こういう上司の言動に対して神経質だったり、敏感な性格の部下がいれば、それだけでつぶされてしまいます。実際、今は優秀であればすぐに転職できてしまう時代ですので、気がついたら鈍感力しかない、みたいなハラスメントにだけ強く、能力の低い人だけが残るような組織にもなりかねません。

女性が昇進したら男性よりも嫉妬される?

「昇進して周りから嫉妬されたらどうしたらいいか」、これも昇進前の女性からよく聞かれる質問です。「昇進してもいいけど、自分から積極的に手を挙げたと言われたくない」という声が若い人たちから出ることもあるようです。

しかしながら私の経験から言っても、人生で何かプラスの方向に大きく物事が進むときは、必ず何かしらの嫉妬はつきまといます。別にそれは女性に限ったことではなく、男性も同じです。例えば第一志望の大学に受かっても、何か資格を取っても、家や車や高価な時計を買っても、結婚しても出産しても、それが手に入らなくてねたんでくる人は、それなりに現れるものです。もし、まったく嫉妬されない人がいたとしたら、よほど最初から上にいて誰もかなわないと思うようなすごい人か、逆に周りにとってどうでもいいような人ではないでしょうか。

ただ昇進という軸において、まだまだマイノリティである、という意味では男性より女性のほうが風当たりが強いかもしれません（その意味では、外国人や若い男性も同じですが）。けれど、こういったことを上がる前から気にしていたら、あらゆる意味で成長したり、上に上がることなどできません。逆に、急に足を引っ張るような人が複数出てきた場合は、自分にとってはよいことが起こっている兆し、今の世界から一つ上のステージに向かっていると考えるとよいのではないでしょうか。

嫉妬で足を引っ張られたときの処方箋

とはいえ、現実に嫌味を言われるのは、気分のいいことではありませんし、周りの声が気になるのも、よほど強い人か鈍感な人でない限り、これまた当然のことです。私自身もこう見えて、悪意を向けられるとそれなりに気になってしまうタイプなので、気にしないように努力はしますが、対処も考えます。

対処法は、嫉妬してきたり、足を引っ張ってきたりする対象者との関係によって変わります。特に利害関係のない、ただの知人などであれば、思い切って縁を切ってしまうのがよいと思います。こちらが悪意を向けていないのにやたらとこういう態度をとる人は、おそらく複数の人に同じことをしているはずで、無理に付き合うメリットはないと思います。

逆に会社や仕事関係者など、完全に関係を切ることのできない相手であれば、距離を置く。コミュニケーションは必要最低限の用件のみにして、それ以外はできるだけ関わらないようにする。もし、仕事に支障が出るくらい悪質な場合は、いわゆるハラスメントですので、上司や人事に相談するのもよいでしょう（可能なら証拠を取っておくのもよいです）。前述の通り、ハラスメントについては、これまでにないような厳しい社会状況になっていますので、まともな会社や上司なら対応してくれるはずです。

繰り返しますが、昇進した女性の幸福度は非常に高いのです。多少嫉妬されたとしても、多くの女性にとって上に行くことは、そこをはるかに上回る喜びがついてくることを忘れないでください。

逆に、すぐに人の足を引っ張ったり、成功者に対して嫉妬の感情をむき出しにしてきたりする人で、本当に幸せそうな人や、まっとうに成功した人を私は見たことがありません。逆に真に上がっていくのは、自分より優秀な人と進んで関わり、そこから常に学んでいこうとする人たちだと思います。

昭和上司と同じ管理職になる必要はない

そもそも、これからの女性がいわゆる昭和上司と同じ管理職を目指す必要などまったくありません。今、大きな変化の中でリーダーシップの形もさまざまになっています。

早稲田大学大学院経営管理研究科教授の入山章栄氏は、新しい時代のリーダーシップについて次のように語ります。

「ダイバーシティが進み、環境が変わると、組織のリーダーに求められることも変化するでしょう。社員が多様化するということは、意見も多様になるということ。そこに価値があるのですが、間違いなく会議はもめます。

そこで必要になるのが新しいタイプのリーダーシップです。もはや全会一致の会議はなく侃侃諤諤《かんかんがくがく》で意見が衝突したあげく、意見が異なるまま、最後は多数決で『えいや』で決めることも出てきます。こうした摩擦が大きい集団のリーダーに求められるのは、トップダウンの管理ではなく、ファシリテーション。会議室にいる人たちの意見をフラットなスタイルで引き出す役割です。部下の意見に『なるほどね』と耳を傾け、『みんな○○さんの意見をどう思う？』とメンバーに問いかけ、議論を促します。自分とは異なる主張の人の話も、がまんして聞く。批判をしないで、発言者を励まし、意欲を削いではいけません。

こうして組織の中でも、誰のどんな意見も需要する〝心理的安全性〟が高まれば、のびのびと意見が言えるようになります。多様な人々の多様な意見にこそ価値がある以上、部下を裏方で支え、それぞれの力を引き出してあげる。上から目線の指令、命令で部下を管理する従来型ではなく、部下を支え育む育成系の素養があるリーダーこそ、イノベーションに寄与するといえるでしょう」

入山氏は、このファシリテーター型上司が、意識するとよいリーダーシップの一つとして、まずサーバントリーダーシップを挙げています。

「サーバントリーダーシップでは、部下を尊重して寄り添い、自己利益よりも部下の成長を優先するスタンスを取ります。傾聴や観察を心がけ、部下個人の成長を支援し、働きやすいコミュニティづくりが期待されます。また精神性を重視し、求心力があるトランスフォーメーショナルリーダーシップでは、リーダーが組織の魅力を伝え、知的刺激を与えて啓蒙し、個別コーチングなどで部下個人を重視しつつビジョンを掲げてチーム全体のレベルを押し上げていく。

ほかにも部下を観察し、意思を重んじたうえで、心理的な取引やアメとムチを使いこなすトランザクショナルリーダーシップなどがあります。こうした新しいリーダーシップは、部下を尊重し、コミュニケーションを重視する点で共通しています

（以上『プレジデント ウーマン プレミア』２０２２年秋号「８つのタイプ別、私らしい『リーダーシップ』の見つけ方」より抜粋）

図30に、入山氏の語るリーダーシップをまとめました。これらのリーダーシップはどれか一つを選ばなければいけないわけでなく、一人の人が複数を併せ持ってもかまいませんし、場面によって使い分けてもかまいません。繰り返しますが、昭和上司と同じリーダーになる必要は、まったくない時代です。

ロールモデルは複数いたってかまわない

社内に自分が真似できるような女性リーダーのロールモデルがいないと嘆く方も多いですし、何度も述べたように、そこが女性の昇進意欲を削いでいることも事実です。

図30　代表的なリーダーシップのタイプ

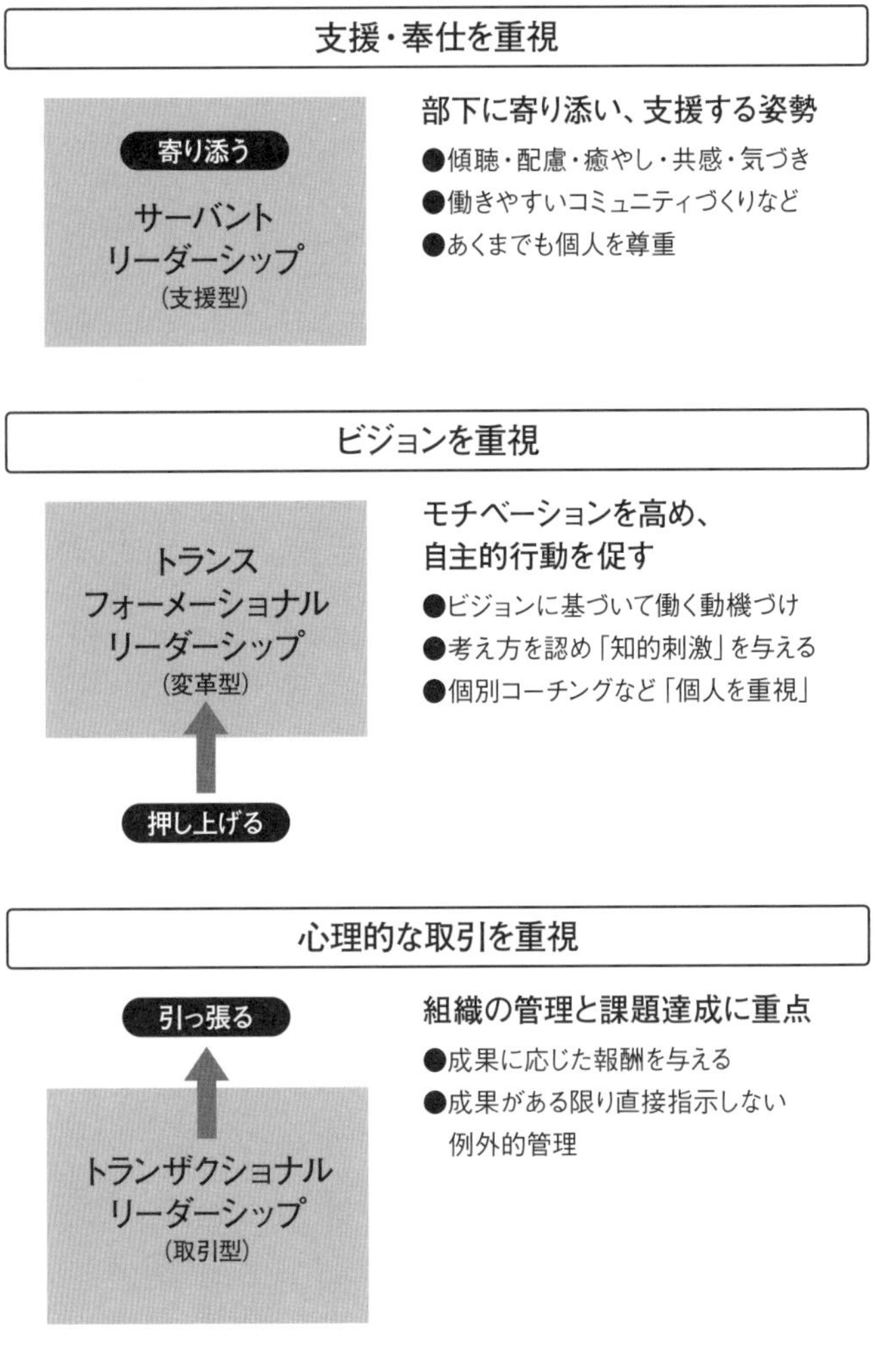
支援・奉仕を重視
寄り添う
サーバント
リーダーシップ
（支援型）
部下に寄り添い、支援する姿勢
●傾聴・配慮・癒やし・共感・気づき
●働きやすいコミュニティづくりなど
●あくまでも個人を尊重
ビジョンを重視
トランス
フォーメーショナル
リーダーシップ
（変革型）
押し上げる
モチベーションを高め、
自主的行動を促す
●ビジョンに基づいて働く動機づけ
●考え方を認め「知的刺激」を与える
●個別コーチングなど「個人を重視」
心理的な取引を重視
引っ張る
トランザクショナル
リーダーシップ
（取引型）
組織の管理と課題達成に重点
●成果に応じた報酬を与える
●成果がある限り直接指示しない
例外的管理

一方、いかに女性活躍が進んだとしても、特に今のように変化が激しい時代に、自分の理想と寸分たがわないようなロールモデルが見つかる可能性も、また少ないと思います。これは、おそらく女性に限ったことではありません。

ですから、そこに必要以上にこだわりすぎず、社外でも社内でも、男性でも女性でも、外国人でも、複数のリーダー像を見ていただいて、一部だけでも、たった一つだけでも、自分に真似できそうなところがあればそれをどんどん取り入れていけばよいのです。私も取材などで出会った方で、素敵だなと思うところがあれば、すぐ真似してみるようにしています。

そうしてぜひ自分なりのリーダーシップを探し、身につけていってください。大丈夫、日本の働く女性の多くは、自分が思っているよりもずっとできるはずです。

次ページからの付録①146ページ~に、プレジデント総合研究所で使用している、CQファインダーという診断の簡易版を掲載していますので、自分のリーダーシップタイプを知りたい人は、一度トライしてみてください（あくまで簡易版で設問数が少ないため、120問の正規版と違う結果になることがありますが、ご了承ください。ちなみに私はこちらではムードメーカー型で、正規版では指導型でした）。

CQFinder mini

「はい」「いいえ」いずれかに○印を付けてください。

No.	質問事項	はい	いいえ
①	会話をするとき、話したいことがあまりない		
	人と積極的に付き合っていくことは楽しい		
	突然話しかけられても、しっかりと返答できるほうだ		
	一人でいるより友達と一緒にいるほうが好きだ		
	会話の中でいろいろな話題を出すのが得意だ		
	自分の家にいるよりも出かけるほうが好きだ		
	話題の引き出しが多いほうだ		
	出かけるときはできれば誰かと一緒に行きたい		
②	自分の人生はいい方向に進んでいると思う		
	自分の感情が表に出やすいほうだ		
	自分の周りには、頼りになる人がたくさんいる		
	調子が出てくると、つい大げさに話をしてしまうことがある		
	自分の将来についてはあまり不安がない		
	突然トラブルが起きてもあまり慌てないほうだ		
	自分の人生は幸運なことが多いと思う		
	楽しいことやうれしいことがあればすぐ人に話すほうだ		
③	何かをするときは、他人の指示に従うほうが楽だ		
	チーム一丸となって仕事がしたい		
	新しいアイデアをどんどん思いつくほうだ		
	誰かの頼りにされていることはうれしい		
	挑戦したいことを聞かれるとすぐに答えられる		
	誰かと一緒にいても気をつかうことはない		
	他人に迷惑をかけても自分の思いは通したほうがいい		
	何かをするならチームでやるより一人でやりたい		

付録①

※こちらはCQFinder正規版（120問）の簡易版となります。設問数が少ないため、正規版とは異なる結果が出ることがあります。miniのウェブ版は、プレジデント総合研究所のウェブサイトからお試しいただけます。https://president.jp/pts/presidentresearchinstitute/

下の表をもとに自分の回答に当てはまる部分を計算してください。

No.	点数表	はい	いいえ	
①	会話をするとき、話したいことがあまりない	0	1	① 合計 4点以下 ↓ A 5点以上 ↓ B
	人と積極的に付き合っていくことは楽しい	1	0	
	突然話しかけられても、しっかりと返答できるほうだ	1	0	
	一人でいるより友達と一緒にいるほうが好きだ	1	0	
	会話の中でいろいろな話題を出すのが得意だ	1	0	
	自分の家にいるよりも出かけるほうが好きだ	1	0	
	話題の引き出しが多いほうだ	1	0	
	出かけるときはできれば誰かと一緒に行きたい	1	0	
②	自分の人生はいい方向に進んでいると思う	1	0	② 合計 4点以下 ↓ C 5点以上 ↓ D
	自分の感情が表に出やすいほうだ	1	0	
	自分の周りには、頼りになる人がたくさんいる	1	0	
	調子が出てくると、つい大げさに話をしてしまうことがある	1	0	
	自分の将来についてはあまり不安がない	1	0	
	突然トラブルが起きてもあまり慌てないほうだ	1	0	
	自分の人生は幸運なことが多いと思う	1	0	
	楽しいことやうれしいことがあればすぐ人に話すほうだ	1	0	
③	何かをするときは、他人の指示に従うほうが楽だ	0	1	③ 合計 4点以下 ↓ E 5点以上 ↓ F
	チーム一丸となって仕事がしたい	0	1	
	新しいアイデアをどんどん思いつくほうだ	1	0	
	誰かの頼りにされていることはうれしい	0	1	
	挑戦したいことを聞かれるとすぐに答えられる	1	0	
	誰かと一緒にいても気をつかうことはない	1	0	
	他人に迷惑をかけても自分の思いは通したほうがいい	1	0	
	何かをするならチームでやるより一人でやりたい	1	0	

リーダーシップタイプ8

タイプ	組み合わせ	強み	弱み
ムードメーカー型	B + D + E	どんなタイプの人ともコミュニケーションが取れる	慎重さと計画性に欠ける
常識型	A + D + E	上司や顧客に可愛がられる	慎重さに欠け、ケアレスミスが多い
世渡り型	B + C + E	縦社会の人間関係が得意	リスクがあることや、前例のないことには消極的
慎重型	A + C + E	上司や顧客に言われたことを素直にやれる	消極的で、関係者が多いと対応しにくい
職人型	A + C + F	仕事が正確で信頼がおける完璧主義者	上下問わず他人を批判的に見ることが多い
論理型	B + C + F	元気で行動的だが、慎重で落ち着きもある	管理的すぎて、柔軟性に乏しい
指導型	B + D + F	元気で愛想がよく、どんな人とも親しくなれる	大ざっぱなところがあり、思いつきで行動する
クリエイター型	A + D + F	元気で積極的に働く	一人でやる仕事を好み、関係者が多いと対応しにくい

第5章
無理のない
ライフイベントとの両立と
復帰マニュアル

昇進で余裕ができたから出産を考えることができた

第4章で、管理職女性の幸福度は男性より高く、子持ち管理職女性の幸福度はさらに高くなる傾向にあることはお伝えしました。

実は私は、もともと「子供はいなくてもいいかな」と考えていた一人です。20代の頃は、まだ世間的にも正社員で仕事を続けるなら結婚はできても、出産はあきらめるのが比較的当たり前の風潮でした。

その後、少しずつ社会の状況は変わってきましたが、『プレジデント』の編集現場にいた頃は時間も不規則でかなり忙しく、働き方改革も今のように進んでいなかったのです。とにかく体力にまったくもって自信がなかった私は、両立の自信がありませんでしたし、どうしても子供がほしいといった執着も特にありませんでした。

しかし2013年、『プレジデント』の副編集長に昇進して現場からマネジメント中心の仕事になってから気持ちが変わってきました。指示を出せば部下が動いてくれますし、自分が効率的にスピーディに進めれば、業務全体も効率的に回るようになり、世情的にも非効率な長時間労働を悪とする動きが出てきたこともあって、時間に余裕ができ始めました。すでに40歳手前でしたので、年齢的にもどうかなとは思いましたが、後悔しないように少しだけ妊活してみようかなという心境になり、幸いそれほど苦労せず、半年以内に子供を授かることができました。

その後、２０１４年に、40歳で娘を出産、８カ月ほどの産休・育休を経て、復帰しました。復帰後もずっと副編集長で、２０１８年に『プレジデント ウーマン』の編集長になりましたが、本当にあのまま現場にいて、管理職になっていなかったら、出産をあきらめていたかもしれないな、と今でも感じます。現在は当社も働き方改革が浸透しているので、今であれば現場にいたとしても当時よりは、はるかに楽だとは思いますが、それでも部門長という裁量のある働き方のありがたさをかみしめながら、日々仕事と育児をしています。

今は、私が出産した８年前よりも、もっと両立できる環境は整っています。すでに出産だけを理由に、仕事をあきらめる人はほとんどいないと思いますが、管理職とライフイベント両立が不可能とは、考えないでほしいと思います（もちろん子供を持たない生き方もありますし、誰もが両立しなくてはいけないという意味ではありません）。介護との両立も同じです。

育休・時短はどのくらい取ればいい？

企業に研修などで入らせていただくと、ライフイベントを控えた女性たちから「育休や時短は、どのくらい取るべきでしょうか？」という質問を受けます。第1章で述べたように、今は多くの大企業で法定以上の制度を用意している折、育休は1回の出産につき3年まで、時短は子供が小学校を卒業するまで、というケースが多いです。復帰後は、ほとんどの人がまずは時短からリスタートというのが慣習化している企業だと、どのくらいで切りあげるべきか悩むのでしょう。

私自身は、2014年8月に出産し、翌年4月に復帰しています。産休育休合わせて約8カ月取得し、その後時短は一切取らず、ずっとフルタイムで管理職として働いています。個人的な復帰のタイミングとしては、当時は法定の育休が1年半までで、かつゼロ歳の4月でないと保育園に入るのが難しかったため、選択肢はありませんでしたが、それがなくても期間としては程よかったかなと思っています。また復帰後に時短にしたいとか、時短にすればよかったと思ったことは、今のところ一度もありません（産前も産後も変わらず体はガリガリで、大病はしませんが、アレルギー持ちですし、部内でも一番体調をくずしやすいですが）。

出産したら、最低でも1年以上の育休は必須、そしてしばらくは時短にしないと無理と思っている方は多いようですが、実はそんなことはありません。

冒頭の方々に私がするアドバイスはこうです。

「迷うのなら、なるべく早くフル復帰されることをおすすめします」

長期間の時短がキャリアの妨げになっている

今、育休と時短取得者が常に数百人に上っている大企業も少なくありません。もちろん、企業として制度があれば、どちらも権利ですから、必要な人、誰に何と言われようと取得したい人は、制度の中でフルに取得してもかまわないと思います。

ただし長期間の育休・時短が慣習化することが、いろいろな意味で社会や企業、制度未取得者の負担（第1章51ページの図16を参照）、そして女性のキャリアにとって妨げになってきているいることも確かなのです。まず長期間の育休や時短を取った人と、早めに切りあげてフル復帰した人では、生涯賃金に大きな差が出てきます（図31『プレジデント ウーマン プレミア』2021年秋号「出産&育休後の働き方で、生涯賃金はどう変わるか?」より）。

長期間の育休の負担は、企業レベルだけでなく、2025年には雇用保険からの給付金の財源が不足するという恐れも出ています。また、長期間の育休や時短が妻に偏れば、「フルタイム夫」と「時短妻」、と夫婦の役割が固定化され、男性の家庭進出が進みにくくなります。

そういった意味でも、第1、2章でも述べましたが、特に少しでも上を目指す女性たちは、なるべく早く復帰したほうがいいと思います。目安としては、会社のサポートなどがしっかりしている場合、長くても1年程度、可能なら6カ月程度の復帰がおすすめです。

図31　出産後の働き方による生涯賃金の違い

ケース1　38年間フルタイム勤務

22歳で大学卒業後、同じ会社でフルタイムの正社員として勤務し、満60歳で退職。独身、もしくは既婚で妊娠・出産はなく38年間継続勤務。

生涯賃金　2億4654万円

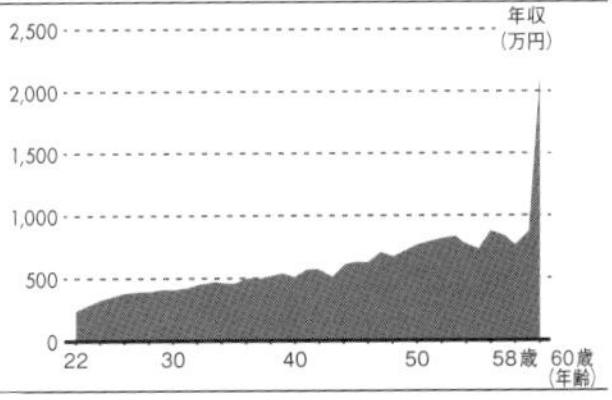

ケース2　2人出産後、育休6カ月で復帰

22歳で大学卒業後、同じ会社でフルタイムの正社員として勤務し、満60歳で退職。途中、30歳で結婚し、32歳で1人目、35歳で2人目を出産。それぞれ産休ののちに6カ月の育休を取り、職場復帰。フルタイム復帰。

生涯賃金　2億3035万円

ケース1との差　▲ 1619万円

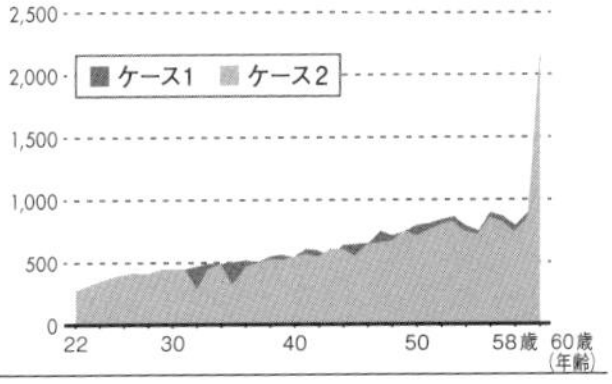

ケース3　2人出産後、育休1年と復帰後3歳までの時短勤務

22歳で大学卒業後、同じ会社でフルタイムの正社員として勤務し、満60歳で退職。途中、30歳で結婚し、32歳で1人目、35歳で2人目を出産。それぞれ産休ののち、子供が1歳まで10カ月の育休を取り、職場復帰。子供が満3歳になるまでは、短時間勤務（通常の勤務時間8時間を6時間に短縮）。

生涯賃金　2億1748万円

ケース1との差　▲ 2906万円

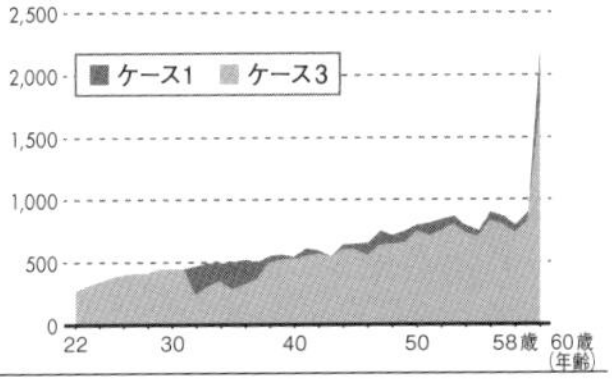

ケース4　2人出産後、育休3年と復帰後6歳までの時短勤務

22歳で大学卒業後、同じ会社でフルタイムの正社員として勤務し、60歳で退職。途中、30歳で結婚し、32歳で1人目、35歳で2人目を出産。それぞれ産休ののち、子供が満3歳になるまでの育休を2回経て職場復帰。下の子が小学校に入学する（6歳）まで短時間勤務を選択（通常の勤務時間8時間を6時間に短縮）。

生涯賃金　1億8431万円

ケース1との差　▲ 6223万円

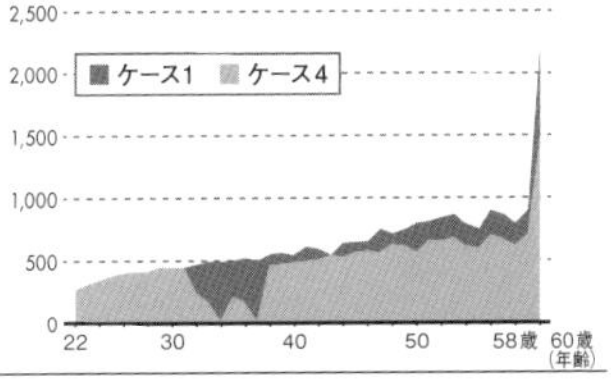

ケース5　出産時に退職し、専業主婦を経てパート勤務

22歳で大学卒業後、同じ会社でフルタイムの正社員として勤務。30歳で結婚し、第1子妊娠時の32歳で退職（産休・育休とらず）。35歳で2人目を出産。専業主婦期間を経て、第2子が小学校に入学（6歳）したら扶養の範囲（年100万円）でパート勤務に。60歳で退職。

生涯賃金　5901万円

ケース1との差　▲ 1億8753万円

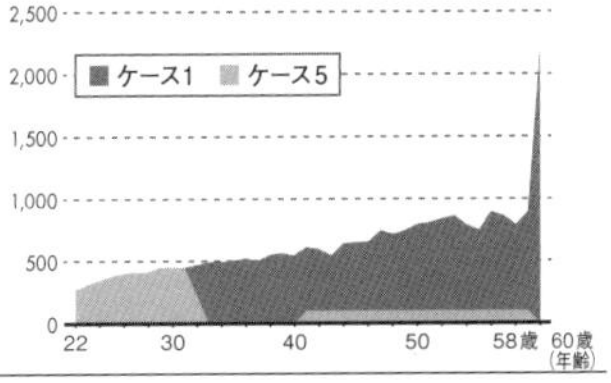

備考／●給与は厚生労働省「令和2年賃金構造基本統計調査」（標準労働者、大卒・女子の企業規模計）をベースに試算。育休や時短勤務で調整したケースでは、54歳以降は元のデータに直前の給与の割合をかけて試算。●定年時の退職金は厚生労働省「平成30年就労条件総合調査」（定年退職者1人平均退職給付額）を参照したほか、中途退職時の退職金は中央労働委員会「平成29年賃金事情等総合調査」を参照した。●出産手当金は産前産後98日だが、3カ月として試算。●育児休業給付金は当初6カ月間を従前の給与の67%、その後最長2年まで50%で試算。育休中は定期昇給はなく、ボーナスは算定期間（夏:10～3月、冬:4～9月）より試算。●短時間勤務制度では、賃金水準はデータに6/8をかけて試算。昇給・ボーナスも6/8とした。注:あくまでも試算に基づく結果です。
出典／「プレジデント ウーマン プレミア」　2021秋号「出産&育休後の働き方で、生涯賃金はどう変わるか?」より

ただし、保育園に入れただけで何の仕組みもつくらず、早期フル復帰というのも難しいのです。無事、希望の保育園に入っても、子供はそれなりに熱を出したりして、個人差はあれども、仕事中の呼び出しは必ず来ます。

ここからは、出産後の女性にとっての早期復帰のメリットと、私が産前産後につくってきた「キャリア温存」の方法をお教えします（ただし、本人の努力だけではどうにもならない部分もありますので、企業や上司側が考えるべきこと、やるべきことについては、第1、2章をお読みください）。

専業主婦のお母さんと同じことはできない

まず頭に入れておいてほしいのは、時短も含めて、正社員で働いている場合、専業主婦もしくはパート主婦だったお母さんと同じ育児家事は絶対にできないということです。私の世代は言うまでもありませんが、第2章でも述べた通り、2000年前後生まれ、今大学を卒業したばかりの人のお母さんでも、大半が出産で一度は専業主婦になっています（その後、育児が落ち着いてからパートなどに出る人が多かった時代です）。少なくとも小学校に上がるくらいまでは、お父さんがメインで働いて、お母さんはおおむね家にいてくれたはずです。

このお母さんがしてくれたことを全部、子供にしてあげるのは不可能です。考えたら当たり前ですが、これを忘れて同じことをしてあげたいと頑張りすぎてしまい、結果、心身やキャリアを壊してしまう人が意外に多いので、気をつけてください。

誤解しないでほしいのですが、決して専業主婦という生き方が間違っていたわけではありません。当時はそういう時代でしたし、高度経済成長期からその名残で、日本社会にまだ余裕があり、お父さんの稼ぎだけでやっていくことが可能な時代でした。歴史を紐解けば、欧米の女性活躍先進国でも、皆そういう時期があったのです。ただ世界を見ても今は、もはやそういう時代ではありません。

ですからお母さんが専業主婦だった方たちは、自分の家事や子育ては、お母さんとは違うのだということを念頭に置くことから始めてください。もちろん子供の話をきっちり聴いたり、倫理観や価値観を共有する部分では同じです。ただ家に帰ったら必ずお母さんがいて、家はきれいに片付いている、宿題も見てくれて、手づくりのおやつや食事が毎日用意されている、学校の行事にはもれなく参加する、といったことは絶対に無理だと心得てください。

家庭内にロールモデルがいないので、不安になるかもしれませんが大丈夫です。私自身、ほとんどの人が専業主婦の世代に、母はフルタイムで働いていたので、学校の行事も祖母が来たり誰も来なかったりしましたし、受験で上京する際も母ではなく、父が同行しました。

しかし、そこまで悪い人間にはなっていませんし（やや怠け者体質で、そこまで素晴らしい人間にもなれなかったのは残念ですが……）、小さい頃はともかく、高校生くらいからは、母が専業主婦だったらよかったと思ったことは1秒たりともありません。

自分なりの「キャリア温存」法の見つけ方

私の場合、40歳という高齢初産、体力に自信がない、そして地方在住のこれまた高齢の親には一切頼れないという三重苦の状況でした。それでもフル復帰できたのは、復帰前から必死で自分なりの仕組みをつくってきたからです。

まず一番大切なのは情報収集です。高齢出産については、メリットもデメリットもありますが、一つよかったことは、すでに周りで出産して復帰している人が多かったことです。つわりが終わった頃から、暇さえあれば社内外いろいろな人から情報を収集し、自分にできそうなことはすべて取り入れました。ネットや本などでも暇があれば情報収集し、自分なりに仮説を立てて仕組みを考えていきました。

大企業であれば、各種の育児補助や福利厚生がそろっていることも多いので、ここもしっかり調べて頭に入れておきましょう。

私が勤務する出版社は、働き方改革が浸透したとはいえ、伝統的にもどちらかというと夜型の仕事です。会社としての定時は17時30分ですが、外部のスタッフなどもまだ動いていることが多く、忙しい時期に毎日定時に仕事を終えることは難しいのです。その分、朝は取材や会議が入らない限り、わりとのんびりしていますし、勤務体系もフレックスです。ですので、とにかく夜遅くまで預かってくれる保育園を探しました。そして21時まで預かってくれて、夕食の提供もある保育園の多い、会社近くの区に引っ越しを決めました。もちろん、たまたま出産時にまだ家を買っていなかったからできた選択です。

今は、リモートワークが普及してきたので、私の頃と違い、必ずしも引っ越しまで考えなくてもよい時代になりましたが、もし出産を機に手狭になったなどの理由で、住み替えを考えている方は、引っ越し先の保育園や自治体のサービスなどは事前に確認しておいたほうがよいと思います。

「親任せの育児はいや」というのは贅沢すぎる？

もし元気な親御さんやご親族が近くにいて、気軽に手伝ってもらえるのなら（昨今の新型コロナの感染リスクなどは、ちょっとわきに置いた話です）、出産を機に実家近くに引っ越すのも手です。中には「育児を親任せでいいのでしょうか」などと言う方がいますが、これは私のような地方出身者からすると、さすがに贅沢を言いすぎではないかな、と思います。何もかも丸投げしろと言っているのではありません。仕事に支障が出そうだったり、どうしても必要なときだけお願いすればいいのです。

会社の制度もそうですが、人よりも恵まれた環境にあるならば、精神論はわきに置いて、どんどん利用すべきです。地方出身者や、親御さんが近くにいても関係がよくなかったり、すでに要介護だったり、亡くなっていて手伝ってもらいようがなかったりする人からしたら、本当にうらやましい話です（世の中には、それで出産をあきらめてしまう人だっています）。

私は特に実家が遠く、飛行機もしくは新幹線に数時間ゆられた後、バスを乗り継ぎ、最後は船で、さらに港からも車でないと実家に着きません。日帰りはまず無理、近場の海外、たとえば上海や台湾に行くより労力がかかると思うことも。空港や駅まで親に迎えに来てもらうことすら容易ではないのです。特に子供が生まれてからは、実家が近所にあった、という夢を年に2、3回は見るようになりました。夢の中で、ああこれで育児を手伝ってもらえる、親の介護が始まっても半日以上かけて移動しなくていいんだ、と狂喜するのですが、目覚めれば現実に引きもどされます。

せめて実家が関東の端っこか静岡だったら、いや大阪でも新幹線に乗れば、すぐ来てもらえるのに……なんて考える日もありますが、ないものねだりをしても状況は変わりませんし、育児は待ったなしなので、自分にできることをしっかりやっていくしかありません。私はどんなに望んでも、親任せの育児なんて手に入らないのです。だからこそ、それができる方はぜひお願いしてほしいところです。

親に頼れないならどうするか？

では、自分もパートナーも仕事が抜けられない、在宅も難しい時期に、子供が病気で保育園から呼び出しが来て、親や親族、知人に頼れないならどうするか。これはもうベビーシッターしかありません。

私の場合、一人暮らしのときからアレルギーがひどく、掃除を丁寧にすると悪化するため、週に1回、シルバー人材センターでお手伝いさんを雇っていました。海外では、ごく当たり前のことですし、実家でも祖母の手が回りきらないときに、一時期雇っていたので抵抗はありませんでした。母の同僚や親戚もそうでしたが、公務員や士業でフルタイムの共稼ぎ家庭で、親に頼れない家は、40年前でも皆何とかしてシッターやお手伝いさんを雇っていたものです。当時、ゼロ歳からの保育園など、どこにでもあるわけではありませんし、時短も学童もありませんでしたから、そうしないと働き続けることは不可能でした。

私自身、親が近くにいないなら、シッターは絶対に必須だとわかっていましたので、当時居住していた区の産前産後サービスから使い始めました。当時、交通費込みの時給800円で、家事も育児もお願いできて他の区と比べても破格だったのです。シッター会社はリストから選べたので、そこで私より先に産んでいた部下が利用していたシッター会社にトライアルのつもりでお願いしました（結果、最大40時間までこの時給で使えて、家事もお願いできたので本当に助かりました。その後、引っ越しましたが、すべて使い切ってから転出しました）。

今も、娘が生後1カ月のときに、たまたま友人から紹介があった個人の方と契約していて、週に1回、家事と子供のお迎えと世話をお願いしています。正直、シッターさんがいないと生活が回りません。それ以外で子供が病気になったときなどは、シッター会社にスポットでお願いしています。2021～22年の冬はコロナ禍でシッター不足になり、つかまらず困ってしまったこともありましたが、少なくとも需要過多になるほどシッター文化が定着してきたのはいいことだと思います。

親御さんに頼れる方でも、お子さんがインフルエンザなどにかかったときに、それなりに高齢の親御さんにお願いするのは感染したときのリスクが高く、難しいことがありますよね。そのときはシッターを利用すればよいと思います。各シッター会社では、おおむねインフルエンザでも対応してくれるシッターさんがいますから。

家事・育児の外注に抵抗がある人へ

ここ数年、だいぶ日本にも外注文化が浸透してきました。しかしながら、家事や育児の外注を使うというと、まだまだ抵抗のある人も多いようです。「どうやって指示していいのかわからない」「知らない人が家に来ると緊張する」「お金がかかりすぎる気がする」などという声がよく聞かれます。

『プレジデント ウーマン』の調査でも、外注サービスを使わない人の一番の理由は、経済的な理由ではなく、「他人を家に入れたくない」でした。ただ私は、これはあまりいい考え方ではないと思います。なぜなら周りで介護地獄に陥っている家の親御さんは、皆口をそろえてこのセリフを言っているからです。

日本の介護保険制度は、これまた世界一のレベルです。介護保険料をきちんと払っていて、状況に合わせて制度を適切に使えば、介護する側もそれなりに仕事と両立することができるのです。しかし肝心の親御さんが、ヘルパーさんも施設もいやだと言う。結局、子供が在宅で介護することになり、場合によってはキャリアや仕事に支障が出たり、離職せざるを得ない人もいます。

核家族化が進み、今後一番増えるのは単身世帯といわれています。同居家族の人数が多く、平均寿命もそれほど長くなかった時代は、育児から介護まですべて家族だけで完結させられたのでしょうが、そんな時代は、とっくに終わっています。そもそも、戦後すぐくらいまでの日本では、ちょっとした家にはお手伝いさんがいたものです（うちの父の実家も商家だったため、子供の頃は住み込みで何人もいたお手伝いさんに世話をしてもらったそうです）。歴史を見れば、高度経済成長期に専業主婦が激増して、一時的に需要が減っただけなのです。

ですから、この手のサービスは必要であれば、どんどん使ってみるべきです。せっかく会社や自治体が補助を出しても、使わないのであれば意味がありませんし、弊社のように今現在、補助制度がない会社もあります（ヘビーユーザーの私としては、補助のある企業は、本当にうらやましいです）。

私も一時お手伝いさんのいる家に育ちましたが、それでも知らないシッターさんが家に来るときは「どんな方かな」と、それなりに緊張します。特に育児外注は、自分が出産するまで経験がなかったので、産後すぐにお願いしたときはそうでした。仕事でも何でも初めての方と対面して緊張するのは当たり前ですし、慣れの問題です。

私がお会いしたシッターさんは、ほとんどの方が子育て経験豊富で、保育士や幼稚園教諭の資格を持っている方も多く、出産後すぐ不安な中で、育児や保育園の相談にものっていただき、慣れない育児の孤独を紛らわせることもできました。

「シッターだから」事故が起こるわけではない

時々シッターにまつわる事故や事件が報道され、それを聞いて不安になる人も多いようです。しかし大変残念なことに、保育園でも年間2000件以上の重大事故が起こっています（2020年、内閣府資料より）。保育園だから絶対に安心で、シッターだから危険というわけでもないのです。親や祖父母が見ていても、リスクはゼロではありません。

著名人の家で盗難事件がありましたが、事故を防ぐには、高価なものはカギをかけた部屋に入れておくとか、金庫に入れておくなどの処置をしておいたほうがよいと思います（私も少し前に小さな金庫を買いました）。高価で壊れやすいものが、目につくところに置いてあるとシッターさんにもストレスになるでしょう。この部屋には入らないでくださいなどと指示を書いておけば、まともな方であれば、それに従ってくれるはずです。

私は娘が生まれて以来、それこそ20人以上のシッターさんにお世話になっていますが、ほとんどの方が、本当にプロ意識が高くて優秀な方です。たまにちょっと手慣れてないな、と思う方もいましたが、今のところそこまでの危険は感じたことはありません。

悪い方でなくても、ご自身やお子さんと性格的に合わない方はいるでしょう。1回お願いして、もし合わないなと思ったら、シッター会社にお願いして、次回からは別の方にしてもらえばいいのです。

結局、外注の方とうまくやっていくのも、仕事での外注やマネジメントと同じなのです。先の章で述べましたが、昇進するほどに「自分以外ができることは自分でやらない」勇気が必要。情熱を持って上を目指す女性であれば、家事育児の外注もきちんと使っていけるはずです。

自分が困ってない人ほど外注を批判する!?

今でも、日本ではこの手の家事育児の外注をしている人を攻撃する方がいます。シッターはともかく、掃除洗濯などの家事外注を特に女性がしていると「格差を助長している」「傲慢だ」「自分のことは自分でやるべきだ」などと言う方がいます。でも、そういう態度をとる方で、自分が本当に困った経験がある方を私は見たことがありません。私も攻撃を受けた経験がありますが、おおむね批判するのは、自分のお母さんも奥さんも専業主婦で、自分は育児どころかお湯もまともに沸かしたことのないような男性や、親御さんと同居で全面的に育児を手伝ってもらえた方、たまたま自分は大きな怪我や病気もしたことがなく、親の介護も経験していないシングルの方などです。自分に不利益がゼロなのに、感覚的にそういう女性がいやだから、自分の周りでいなかったから、と反対する。世の中で、これほど迷惑な行為はないと思います（まさに、全人類の敵ですね）。

パートナーと話して、夫婦で上手に分担すればいいじゃないか、と言う方もいます。これは正しいですし、ぜひやるべきことだと思います。共働きでも、ここまでワンオペ育児が多いのは日本ならではの悪しき習慣ですから。とはいえ、現実問題として二人ともそれなりに仕事が忙しい場合は、いかに分担しても、誰かの手を借りずに家事育児をすべて夫婦だけでするのは、心身の健康と引き換えになりかねません。特に子供が複数いる場合など、周りを見ていても、まず無理です。批判する方々が代わりに育児をしてくれたり、子供の教育費を払ってくれたり、老後の面倒を見てくれたりするわけではありません。これこそ、まったく気にする必要はないと思います。彼らも何らかのきっかけで、自分自身が同じ立場になって初めて、その必需性が身にしみるのではないでしょうか。

復帰後、キャリアがだめになる元優秀社員とは

復帰前は、それなりにバリバリやっていたのに、復帰してからうまくいかない方に多いのは、やはり仕組みをあまりつくらず、場当たり的に復帰した方です。何も調べず、感覚だけ

で考える方も難しいです。待機児童が極端に多い場所などに感覚だけで家を買うと、本当に取り返しがつかないので、情報は取れるだけ取って、復帰の仕組みは、産む前からきっちりつくっておくべきです（もし妊娠中ずっと具合が悪い場合は、それこそパートナーの方などに手伝ってもらいましょう）。

そして完璧主義者も、やはりうまくいきません。この本を読んで思い当たる方は、この場で意図的に完璧主義を捨ててください。「育児も家事も仕事も中途半端になるのがいや」といった悩みを聞きますが、体は一つ、時間は24時間なので、完璧にできないのは当たり前です。どれも100％できる方などいませんし、する必要もありません。夫婦で均等に分担したとしても、二人とも正社員でそれなりに忙しく働いていれば、かなり難しいと思います。「毎日、仕事の後に家事育児でへとへと。仕事は代わりがいるけれど、子供には私しかいないと思うと、キャリアは捨ててしまおうかという気持ちになる」などと嘆く方もいます。これは間違いではありませんが、ちょっと考えてみてください。子供にまつわることは、すべて母親でないとできないことでしょうか？

優先順位を考えず、全部一人で完璧にやろうとするから疲弊するわけです。家事も育児も仕事も優先順位をつけて、任せられるところは人に任せる。やらなくていいことはやらない。自分しかできないことは何なのかを、まず考えることからスタートしましょう。

「家事育児」優先順位マトリックス

家事育児も仕事も実は同じですが、私は優先順位を二つの軸で考えるようにしています。まず「親（もしくは親族）しかできないこと」と「他人でもできること」です。もう一つは、「得意なこと（好きなこと）」「苦手なこと（嫌いなこと）」です（図32参照）。

育児については、親か親族など近い人でないとできないことは確かにあります。筆頭は、保育園や学校でトラブルが起こったとき、そして子供に心の問題が生じたようなときの対処です。これは、どう考えてもシッターさんや知人には代行不可能ですから、仕事を多少調整しても最優先で対処しますし、子供の言い分も聴く時間は取ります。

その次は、子供が病気のとき。入院してしまうような状況であれば、当たり前ですが、よほどのことがない限り休みます。ただし、インフルエンザや風邪で熱を出した程度であれば、休めるときは休みますし、在宅できそうなときは在宅にしますが、取材やイベントなどが入って、どうしても無理なときはシッターを検討します（病児保育施設などがある自治体であればそちらも検討するとよいでしょう）。

学校の行事などについては、行けるときは親が行きますし、仕事が忙しい時期は行かない。娘の通う小学校は、都心ということもあり、働いているお母さんが多く、授業参観などは基

図32　「家事育児」優先順位マトリックス

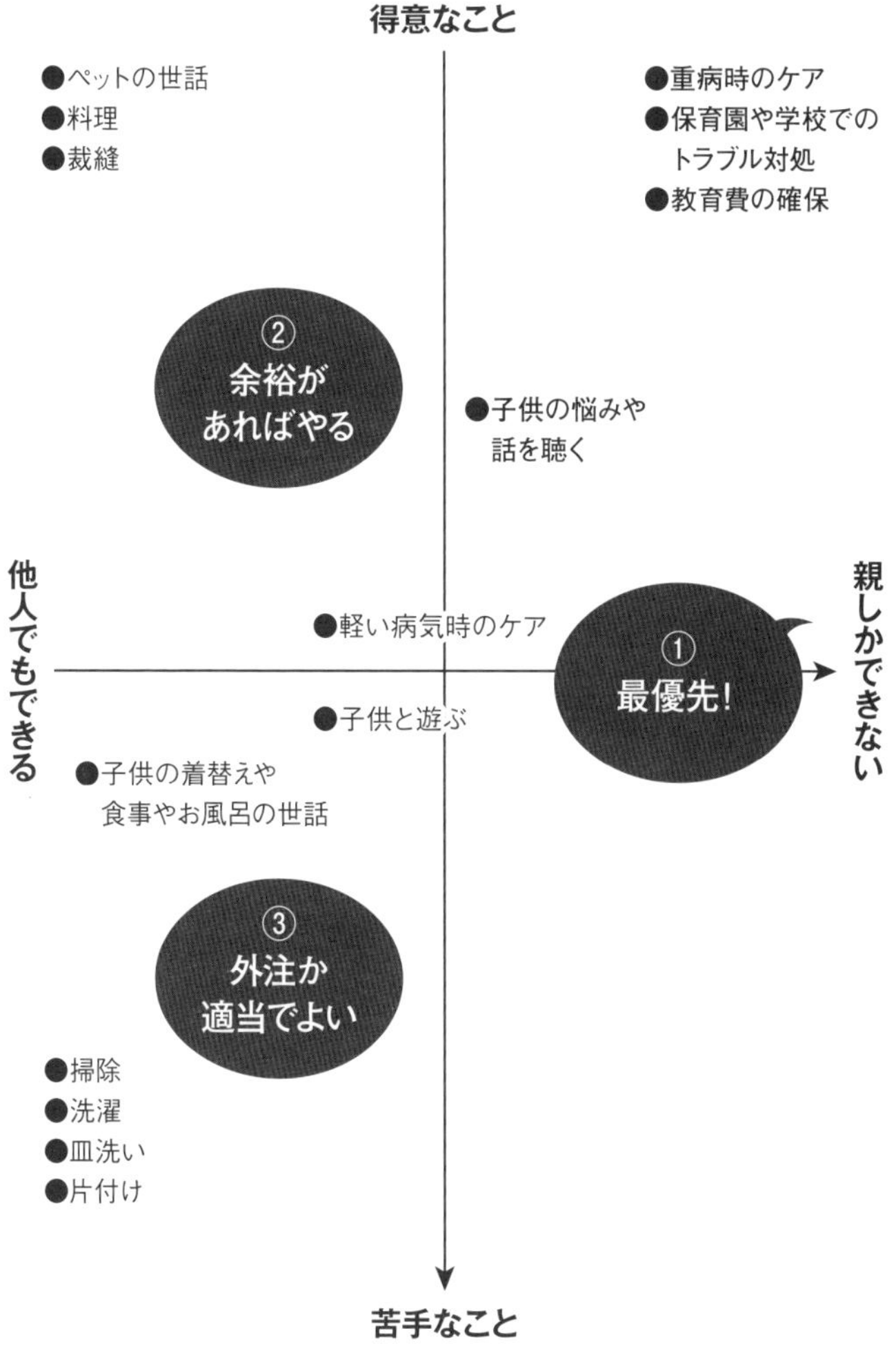

本的に土曜日ですし、PTAなどもIT化、簡略化されていて、できる範囲でできる人がやるという形です。専業主婦家庭は今後激減するでしょうし、だんだんに日本全体がこうなっていくと思います。

宿題なども私が見られるものは見ますし、シッターさんにお願いすることもあります。特に勉強系は私もそうでしたが、親より他人が教えたほうが喧嘩になりにくいです。

餃子はつくってもハンバーグはつくらない

家事についてですが、これはその気になれば、どれも外注可能だと思っていますし、育児より優先順位を低くして、得意不得意の軸で決めています。私はこう見えて（?）食雑誌にいたこともあり、料理は手早く、まあまあ得意なので、今のところ外注する必要性は感じません。余裕があれば、お菓子もつくります。ただし、ここも優先順位をつけており、市販でおいしいものが手に入る料理はつくりません。このあたりは徹底して合理化しています。例えば、娘が好きなハンバーグは市販のものでおいしいものがいくらでもあるので、つくったことはありませんが、餃子はいろいろ試したけれど質のいいものが手に入りにくく、しかも私も娘もニンニクと化学調味料が苦手なので、時間があるときに大量につくり置きします。

野菜を3種類くらい入れると、それだけで栄養バランスが取れて、冷凍庫に入っているだけで精神が安定します。

手先が器用なので、お裁縫も得意です（これまた意外だと言われますがホントですよ）。

とにかく私が苦手なのは掃除洗濯です。掃除はアレルギーが起こることがあるので、できる限りやりたくありません。これは週1回外注していますが、本当にやめられません。掃除が入る前日や前々日は、かなり散らかっていることもありますが、気にしません（平日夜に友達を呼ぶ場合は、掃除が入った後にするようにしています）。

弊社の鈴木勝彦社長は、料理はあまりしないけれど掃除が好きで、朝起きて床を磨いてから出社すると、気持ちがすっきりするそうです（私が同じことをしたら、朝から体調をくずして仕事ができなくなる可能性大です）。彼の会社の机はいつもピカピカで、すぐに散らかる私とは正反対。そういうタイプの方であれば、掃除は自分でして、料理を外注したらどうでしょう。つくり置きのサービスなどもありますし、近所のママ友は、料理するのは週末のみ、平日の晩御飯は基本つくらず、外食か既製品と決めているそうです。今は質のいいテイクアウトもたくさんありますから、疲弊するくらいなら迷わず利用しましょう。もちろんパートナーの方や親御さんが得意なら、どんどんやってもらえばいいと思います。

仕事も同じです。前の章でも述べましたが、特に上にいくほど、自分にしかできないこと、外注したり部下にやってもらえることなど優先順位をつけてやっていくことが大切になってきます。真面目な人ほど「完璧にできないなら、やらないほうがいいのか」的な、オールオアナッシング思考に、はまらないように気をつけましょう。

「母親だからこれくらいは」の罪悪感を捨てる

繰り返しますが、正社員やフルタイムで働いている人が、専業主婦やパート主婦のお母さんと自分を比較して「母親だからこれくらいはしてあげないといけない」と無理したり、やたらと罪悪感を持っても、誰のためにもなりません。

「プレジデント ウーマン オンライン」の記事で、調理時間が短いと罪悪感を持つ働くお母さんがいるという記事をチェックしながら、日本の女性はここまで考えるのか？ と驚愕しました。手早く調理することの何がいけないのでしょうか？ 食べる側からしたら、調理時間など何も関係ありません（おいしくないほうが問題だと思うのですが）。

私は、小豆島の実家から通える島内の高校に進学せず、家から離れた遠方の高校に通っていました。当時、下宿をしていましたが、土曜日には家に帰り、月曜日の朝だけは6時起きで家から船で通っていました。普段は下宿のおばさんがお弁当をつくってくれていましたが、月曜だけは母が5時に起きてつくってくれました。その後、母は私を車で30分かかる港まで送り出してから、家に一度戻って出勤準備です。そして、これまた家から車で30分かかる職場である、地元の高校に8時に着くように行っていました。

朝が弱かった母は毎週疲弊し、些細なことで家族と喧嘩していました。私が通っていた高校は、市街地になかった分、学食や購買だけは充実していました。むしろ月曜日くらい学食で食べたかったし、父もそうしろと言っていましたが、母が「普段、他人様がつくってくれているのに、週に1回くらい親がつくらないわけにはいかない」と言うので、いらないとは言えない。

もうおわかりだと思いますが、これは、私のためというより、母の中の罪悪感と自己満足ですよね。無理してお弁当をつくり、家族が険悪になるくらいなら、私にお昼代を渡して、楽をしたほうが関係者全員にとってよかったわけです。下宿のおばさんには、三食提供という条件でお金を払っていたのですから、おばさんは好意ではなく、仕事としてやっているわけで、そこに母が後ろめたさを感じる理由などありません。

きちんと働いている女性は、税金も社会保障の保険料も自分で払っています。まずはこれだけでも立派な子育てといえます。ですから、周りや自分の親世代と比較して、引け目を感じる必要はまったくありません。いわゆる丁寧な育児や家事といったものは、別に否定はしませんが、それは自己満足であって、他人の評価やお金はついてこないことは心の片隅にとめておいてください。この手のことは自分が楽しんでやれる範囲で、が原則です。相手のためにならないうえに疲弊するなら、絶対にやるべきではないと思います。

私も実は、丁寧な暮らし的な本やSNSを見るのは好きですが（ホントです）、そこに出ているのは、それを仕事としてやっている特殊な人たちなので、ファンタジーとして見て楽しむだけにしています。育児がひと段落して余裕ができたら、ちょっと真似してみたいなと思うこともあります。同時に何もかも取ろうとすると、すべてを落としかねません。別にどれも捨てなくてもいいので、優先順位をつけて一回置きましょう。

人生は長いのですから、時間に余裕ができたときに、また置いたものを取ればいいのです。

人生100年時代を長い目で見よう

最後にもう一つ、両立がうまくいかない人は長期的な目線に乏しい方です。「苦労して保活をして、毎月数万円の保育園代（ゼロ歳のときは高いですよね）、そこに外注やシッター代なんか加わると、手元にろくにお給料が残らない」と嘆く声を聞きますが、ちょっと待ってください。シッターが20年必要な人はいません。長くても一人につき10年と少しくらいでしょう。

私も復帰1年目は、引っ越しもしましたし、さらに冬場は娘も複数の病気にかかり（インフルエンザのときは、親子共倒れでした）、保育園と家事育児外注代だけでも、ざっと100万円以上はかかりました。でもその後、保育代は安くなり、娘も病気しにくくなり、だんだんとその手の支出は減り、フルで復帰して昇進し、普通に昇給（ちょびっとですが）しましたので、お金が少しは貯まるようになりました。

今後は、都内だと多くの方が中学受験をしますから、娘がそれを望めば、その費用もかかってきます（自分は経験がないので、数百万円かかると言われておびえていますが……）。けれども、なるべくフルで働き、昇進して所得が少しでも上がっていけば、何とかやっていけるものではないでしょうか。ただし弊社含めて日本企業は、そこまで上がらないことが多いので、ホンネを言うと、もっと上げてほしいですけどね……経営者の皆さんには、ぜひお願いしたいところです。

丁寧な育児を優先して老後が破綻したら意味がない

正社員で働いているかどうかは、賃金だけでなく、老後の資金にも大きく影響してきます。専業主婦だったお母さんが離婚して、老後に年金もなく、子供が扶養しないといけないなんっていう話は珍しいことではありません。目先のゆったりした生活や家事・育児などにこだわって、ただでさえ年金が先細りする人生100年時代に、最終的に子供に負担をかけるようなことになったら、本末転倒どころではありません。

木下家実家の場合も、残念なことに全然お金持ちではありませんが、両親が自分で払った年金があるので、少なくとも老後の金銭的負担は子供である私には、まったくかかってきません。自分の子供にこれからお金がかかってくる段階で、このありがたみは本当に身にしみています。今になって母は「途中で自分が仕事を捨てていたら、絶対に奨学金などの借金なしで娘を東京の私立大学に進学させることなど無理だった」と言っています。

もちろん不動産資産などの不労所得があって、それで食べていけるとか、特殊な資格があって少しくらいブランクがあっても同等のお給料が稼げると思えば、一度辞めてもよいのかもしれません。ただし、そうでない方が、一回会社を辞めてしまって非正規になった場合、生涯賃金に1億円以上の差がつくという試算もあります（154ページ図31）。

10年以上ブランクがあるような方で、育児がひと段落したから再就職したいというご相談をときどき受けますが、たとえいい大学を出て、出産前はそれなりにバリバリ働いていても、同等の職業に就くのは、ほぼ不可能です。20代、30代で気軽に専業主婦になった私と同年代の女性から、今になって「働きたいのに、まともな仕事が見つからない」「あんなに安易に仕事を捨てなければよかった」と嘆く声をたくさん聞きます。

今のキャリアを捨てる前に、そこまで冷静に試算してくださいね。

「私は子供を産んで偉い」という態度は控える

少子化の加速もあって、今、なんとなく働く女性の中ではワーキングマザーが一番偉いという風潮がありますが、ダイバーシティという観点でも、これはちょっとどうかと思うことがあります。

一見キャリアを優先しているように見えても、諸事情で、お子さんを授かれなかった方は私の周りにもたくさんいますし、会社には言わず不妊治療をしていたり、流産を繰り返しているような方もいらっしゃいます。自分も婚活や妊活がしたいのに、育休や時短中の方の仕事のカバーに追われて、その時間すら取りにくいと感じている制度未利用の方もいます。こういった方々が育休や時短中の方々のサポートに負担を感じているのに「子供を産んだだけで私は偉い」と、感謝の気持ちも示さないワーキングマザーが増えれば、当然、組織内に不協和音が生まれます。

ただし**図33**のようにワーキングマザーが時短を取得しても、限られた時間の中で前向きに働くだけで、社内の不公平感は解消されます。「（時短者が）仕事をカバーしてくれる同僚との情報共有やコミュニケーションを活発に行うことは大切だ。例えば、分担してくれる業務についてマニュアルをつくっておくなど、一人で抱え込まず、早めにチームとの連携を図り、また残業できるときはするなど前向きに働く姿勢があれば、軋轢は改善される」とプレジデント総合研究所顧問・相模女子大学大学院特任教授の白河桃子氏は分析しています。

ワーキングマザーの方々は、どんな形で育休に入るにしても復帰するにしても、周りの方への気遣いや、仕事をカバーしてもらったときの感謝の気持ちだけは忘れないでほしいと思います。「私は子供を産んで少子化改善に貢献して偉い」などという態度は、少なくとも会社の中ではとるべきではありません。制限のある働き方の中でも、どんな形でも、偉ぶるのであれば、まずは仕事の成果をきちんと出してからです。

私も二十代で未婚のとき、結婚で仕事を辞めた女性に「あなたのように子供を産まない人が増えたら、人類は滅びてしまう。子供を育てるというのは、クリエイティブな仕事だ」と言われたことがあります。別に間違ってはいないと思いますし、本人がそう思うのはかまいませんが、かといって他人に押しつける価値観でもないと思います。実際に、プロのクリエイティブ職でお金をもらっている人からしたら、違和感を覚えることもあるのではないでしょうか。

図33　時短でも意欲的に働き、周りと意思疎通をはかれば認められる

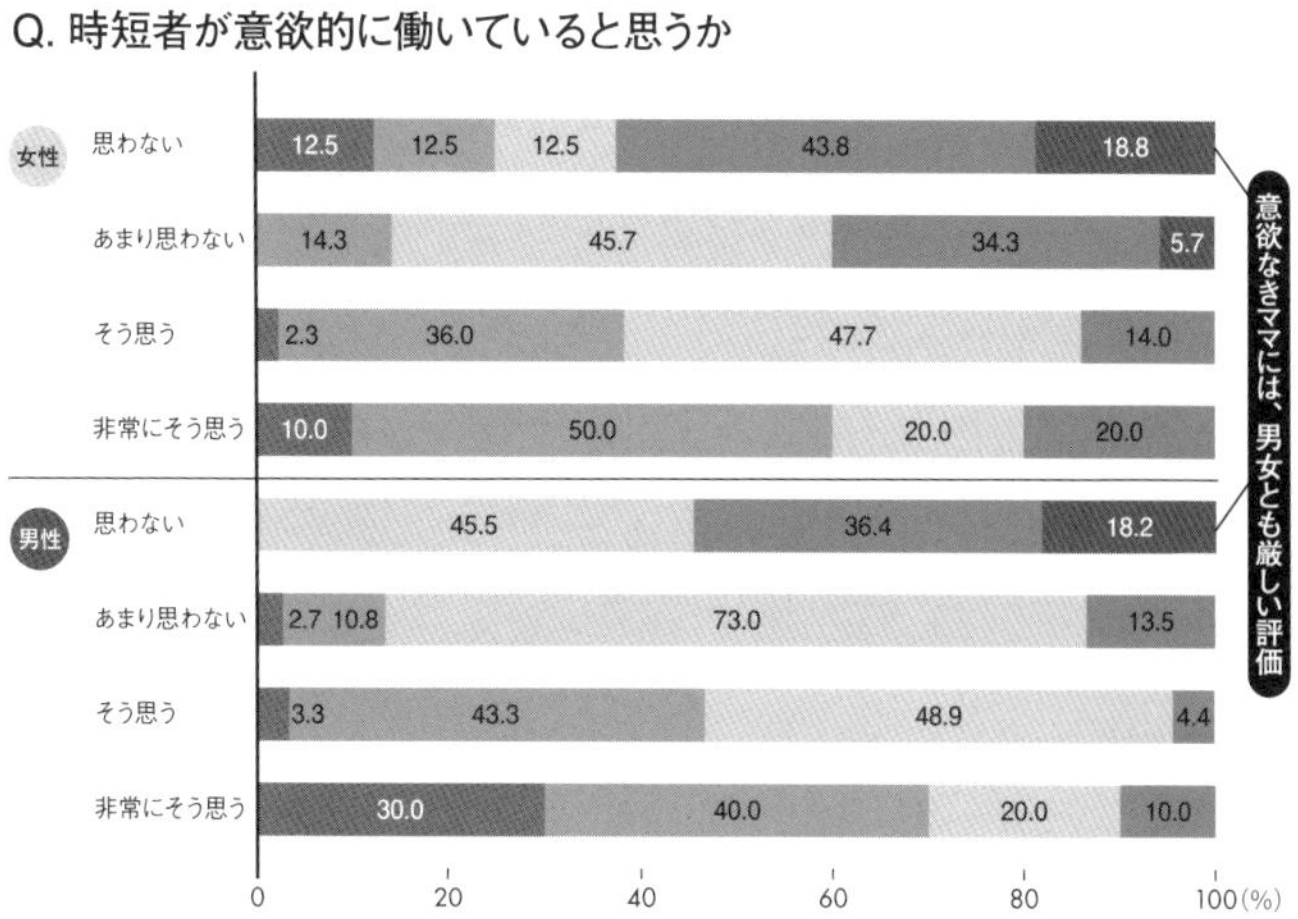

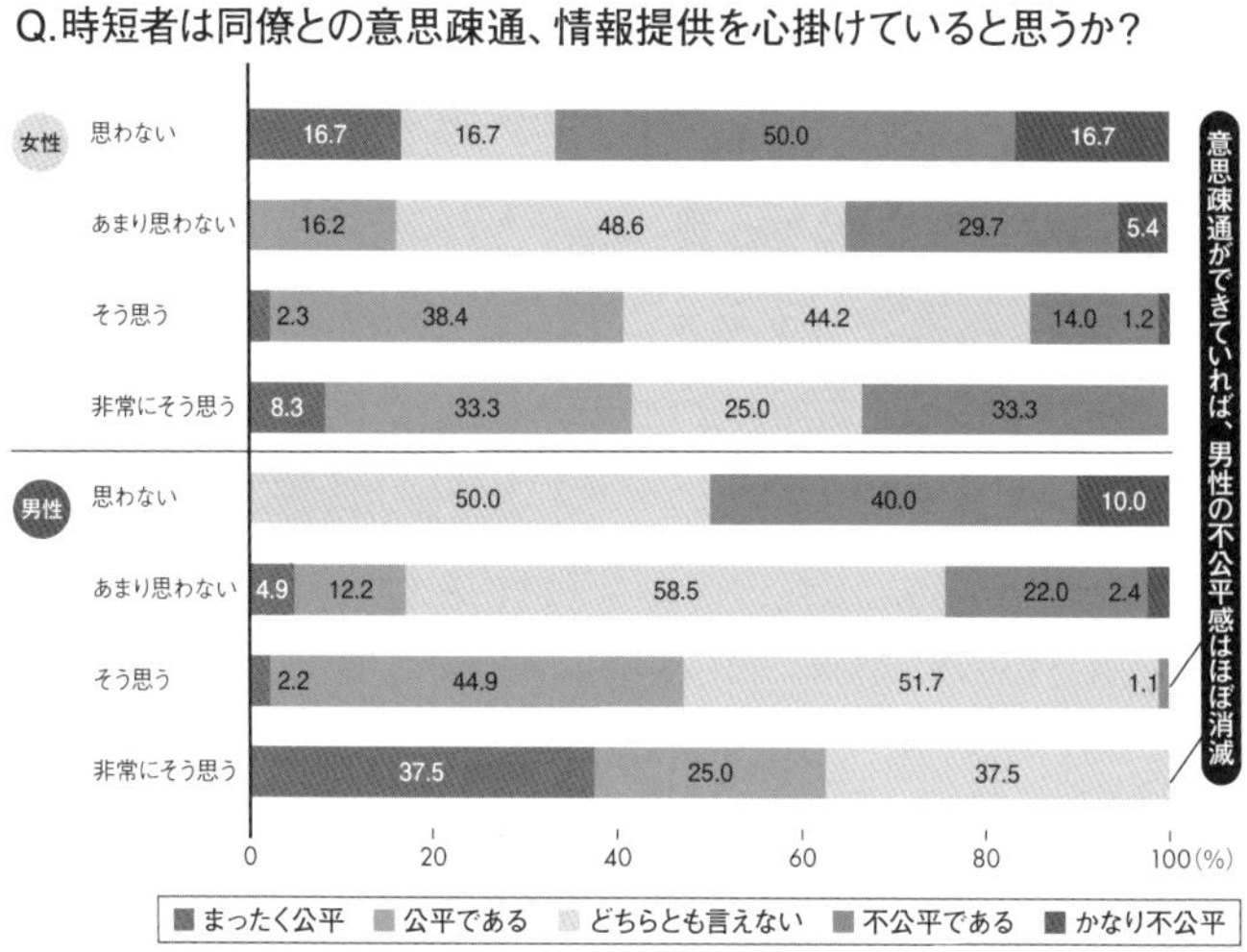

誰もが、ものすごく華々しいキャリアを目指さなくてはいけないということではありません。今できることを精いっぱいやって、少しでも自分なりに上を目指す。そこを忘れなければ、どんな働き方をしたとしても、結果も評価もやりがいもきっとついてくるはずです。

次世代を育てる原資は、現役世代が払う税金と社会保障

少し立ち止まって考えてみてください。誰でも立ち寄れる公園が、いつも美しく整備されているのも、道路がきれいに舗装されているのも、図書館で無料の本が借りられるのも、公立の小中学校で子供たちが無償で教育を受けられるのも、すべて私たちが今払っている税金あっての話です。医療が3割負担なのも、行政によっては子供の医療費が無料なのも、社会保障の保険料を払う人がいることが前提。すでに日本の社会保障は、それだけではまかなえず、税金が投入されています。政治などの諸問題も大きいと思いますが、まず個人ができることは、今の現役世代である私たちがきちんと税金や社会保障の保険料を払うこと。それぞれ事情はあると思いますが、以前と違って、短時間正社員などの制度も整ってきています。ですから、きちんと働ける状況にある女性であれば、できれば扶養からは一刻も早く出て、できるだけ社会保障の保険料などはご自身で払ってほしいと思います。

私も、私の子供も、今は日々元気に働いている皆さんも、万が一の事故や病気など何かあって働けなくなる可能性はゼロではありません。自分か、もしくは配偶者の会社が突然倒産することだってあります。誰にでも働けなくなる可能性はあるのです。万が一、そうなったときに生活を支えてくれる原資もまた、日々働いている人たちが、きちんと払っている貴重な税金や社会保障の保険料なのです。

日本社会で、ほとんどの女性がまともに働かなくても、男性一人の稼ぎで、老後から夫が先に亡くなった後もお墓に入るまで一定レベルの生活がまかなえる、経済も右肩上がりだった時代など、もうとっくに終わっています。すでに過去のものである昭和な家庭や子育てを夢見て、今何とかやっていけるから、自分で社会保障の保険料を払わなくていいと現実から目をそらし、結果、次世代により大きな負担を負わせるような生き方は、なるべくなら避けるべきだと私は思います。

もちろん会社の中での昇進だけがキャリアではありません。男女問わず、マネジメントではなく、プロフェッショナルとして頑張る、という働き方だって素晴らしいと思いますし、事情があってフルタイムは無理だけど、働ける範囲の中であれば、精いっぱいやりたいという考えでもよいでしょう。

お金は食べていけるだけあればいい、それよりも社会貢献のほうに人生の軸足を置きたいという方であれば、ＮＰＯで働いたり、社会起業的な会社に関わるといった選択肢もあります。以前、取材した大企業に勤める男性で「僕が人生で一番やりたいことはボランティアですが、会社の仕事は生活する分と割り切ったうえできちんとやる」という方がいらっしゃいました。これも、とても素敵な考えだと思います。どんな生き方をするにせよ、今後は、可能な方であれば、自分の食べていく分は自分で稼ぐ。そして自己実現は、そこからすることを前提にしてほしい。

この本を読んでいただき、情熱的にしなやかに働き、自分なりのキャリアを積んでいこうと前を向ける女性、そして彼女たちを含めた社会におけるマイノリティとともに歩もうという方々が一人でも増えてくれることを心から願っています。

あとがき

私が18歳で上京し、大学に入ったのは1992年。ちょうどバブルが崩壊し、実体経済に影響がはっきりと出始めた年でした。今思えば、長らく続く就職氷河期の始まりです。

1年生の頃、すでに多くの学生が就職に不安を抱き始めていましたが、大学のクラスメイトたちに「結婚しても働く」と何げなく話したところ、男子の一人が真顔で「そんなバカな考えは、子どもができたら変わる。赤ちゃんって母親が世話せずにミルクだけあげても死んじゃうんだよ?」。ほかの男子たちからも「そもそも文系四大卒女なんて一番就職がない」と口々に言われました。

そこで、私が「でも女でも頑張れば上にいけるかもしれないじゃん。私がそうなったら、どうする?」と言い返すと、「ならねーよ」と一蹴。さらに私が「『女性もこれからは何らかのプロとして仕事をするべき』と子供の頃から親に言われて育った」と反論したところ、「じゃあ主婦になって、家事のプロになればいいんだよ」との答えが笑顔で返ってきました。

一方で、男子たちは「俺たちは1回就職したら、ずーっと同じ会社だよ、あーあ」とつぶやいていました。
バブルがはじけて不況になっても、一定以上の偏差値の大学を出た男性であれば、それなりに安定した会社に就職できるだろうし、家族も養っていける。リストラはまずないし、転職なんて、それこそ敗北。下手な四大卒女性より、お嫁さん候補の短大卒女性のほうが就職には有利。そんなことが、まだギリギリ信じられる時代だったのでしょう。

専業主婦のお母さんに育てられたクラスメイトの女子も「専業主婦は、女の子だけの特権」「私は2、3年しか働かない。すぐ結婚する」「男子は就活で大変だけど、私たちにとっては一生の問題じゃないよね」といったことを当たり前のように言っていました。
完全共稼ぎ家庭で育った私は、こういった価値観に対し、強い違和感がありました。上京前は田舎はともかく、東京都心の大学でそこまで保守的で、男尊女卑の風潮が残っているとは思ってもみなかったからです（もちろんそうでない人もいたと思いますが）。

1996年入社の就職は本当に厳しく、まだネットが普及していない時代に、ハガキや電話で会社に資料を請求しても、女性だけなかなか送られてこない。また一般企業の場合、説明会で女性だけ「全員落ちました」と言われて帰されるなんてことは普通にありました。

私が受験した大手新聞社でも、説明会の段階では男女半々の志望者がいるのに、蓋を開けたら内定者のほぼ9割が男性。それでもマスコミは、まだ一般職以外の女性採用枠があっただけ一般企業よりはましだったといえるでしょう。

金融などの一般職に内定した女性もいましたが、私の周りで採用されていたのは、明らかに自宅通勤が可能な女性だけ。当時、女子大生は「ジゲコ（自宅通勤可能で、現役合格で、コネのある女性）でないと就職できない」なんて言われることもあったくらいで、今思うと、私のような地方出身の女性は、業種や職種によっては、採用の入口に立つことすらできなかったのかもしれません。

ただし、時代は男性なら誰でも大丈夫というほど甘くもありませんでした。私に「プロになるなら家事のプロになれ」と言い放った男子は「俺は絶対にマスコミに入る」と言いながら結果、全滅して翌年フリーターになってしまいました。

私も片端から落ちましたが、「文系四大卒で、成績も並以下、コネも資格も何一つ持っていなかった地方出身の女性」だったにもかかわらず何とか就職できたのは、幸運でした。

そこから約30年が経ち、時代は大きく変わりました。日本でも、リストラも転職も当たり前になり、むしろ優秀な人なら女性のほうが就職に有利なほどになりました。しかし昭和も平成も終わり、令和になっても男女の昇進・給与格差は開いたまま。

なぜ日本だけが、これほどまでに取り残されてしまったのか。

冒頭でも述べましたが、世界は容赦なく動いています。新型コロナショックの少し前から、海外に行くと物価がべらぼうに高く、日本に帰国したら、お金持ちの気分になったという話は山ほど聞いていましたが、その傾向は2022年、歴史的な円安で恐ろしいほどに加速しています。世界三大投資家の一人であるジム・ロジャーズ氏は、「人口の半分の頭脳を生かしきれない国に明るい未来などない」と常々警告しています。日本の女性活躍は、まさに待ったなしなのです。

本書を読んでくださった方々に、男女やジェンダー、人種や国籍といったことにとらわれない考え方や働き方を身につけていただくことで、仕事で成果を上げられる優秀な人が上に上がっていくのを誰も不思議に思わない世界に一歩でも近づけばいいなと思っています。

女性活躍やダイバーシティ推進などという言葉が早くなくなってほしい。

まずは女性リーダーが特別でない社会の実現のために、私も微力ながら、日々頑張っていければと思っています。

最後に、編集を担当してくださった池田純子さん、装丁とデザインをご担当いただいた秦浩司さん、いつも頼りない管理職の私を支えてくれる『プレジデント ウーマン』編集部およびプレジデント総合研究所のスタッフの皆さん、弊社の鈴木勝彦社長および長坂嘉昭会長、そして私が本書執筆で忙しいと「編集長の娘になんか生まれるんじゃなかった」とキレる一方で、私が取材された新聞記事を枕の下に入れて、「宝物だからママにも返さない」と言いながら寝てくれた一人娘に心から深い感謝を捧げます。

２０２２年秋、娘が飼っているコオロギの鳴き声を聞きながら

『プレジデント ウーマン』編集長　木下明子

参考文献

・『世界大異変――現実を直視し、どう行動するか』ジム・ロジャーズ著　東洋経済新報社刊
・『恐れのない組織――「心理的安全性」が学習・イノベーション・成長をもたらす』エイミー・C・エドモンドソン著　野津智子訳　村瀬俊朗解説　英治出版刊
・『多様性の科学――画一的で凋落する組織、複数の視点で問題を解決する組織』マシュー・サイド著　ディスカヴァー・トゥエンティワン刊
・『セキュアベース・リーダーシップ――〈思いやり〉と〈挑戦〉で限界を超えさせる』ジョージ・コーリーザー、スーザン・ゴールズワージー、ダンカン・クーム　東方雅美訳　プレジデント社刊
・『科学の女性差別とたたかう――脳科学から人類の進化史まで』アンジェラ・サイニー著　東郷えりか訳　作品社刊
・『ＳＤＧｓ、ＥＳＧ経営に必須！　多様性って何ですか？　Ｄ＆Ｉ、ジェンダー平等入門』羽生祥子著　日経ＢＰ刊

付録②

ビジネスパーソン
男女800人に聞きました

＼業界別／
「ダイバーシティ & インクルージョン」大調査

調査概要
『プレジデント ウーマン』で独自にオンラインアンケートを実施（実施期間:2022年7月13〜15日）。有効回答者数:20〜59歳の男女800人（うち管理職400人、一般社員400人）

Q1. 経営トップが「ダイバーシティ&インクルージョン」を経営戦略の重要課題と位置づけ、自らがそのリーダーとして取組を積極的に推進している?

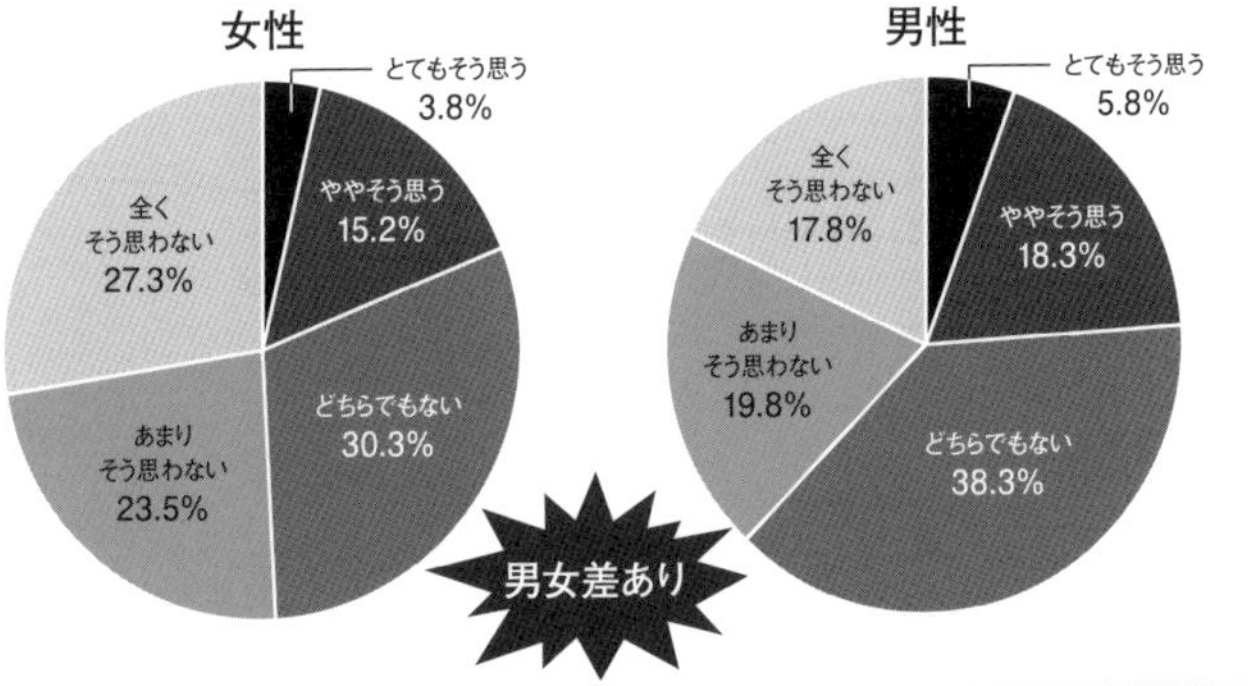

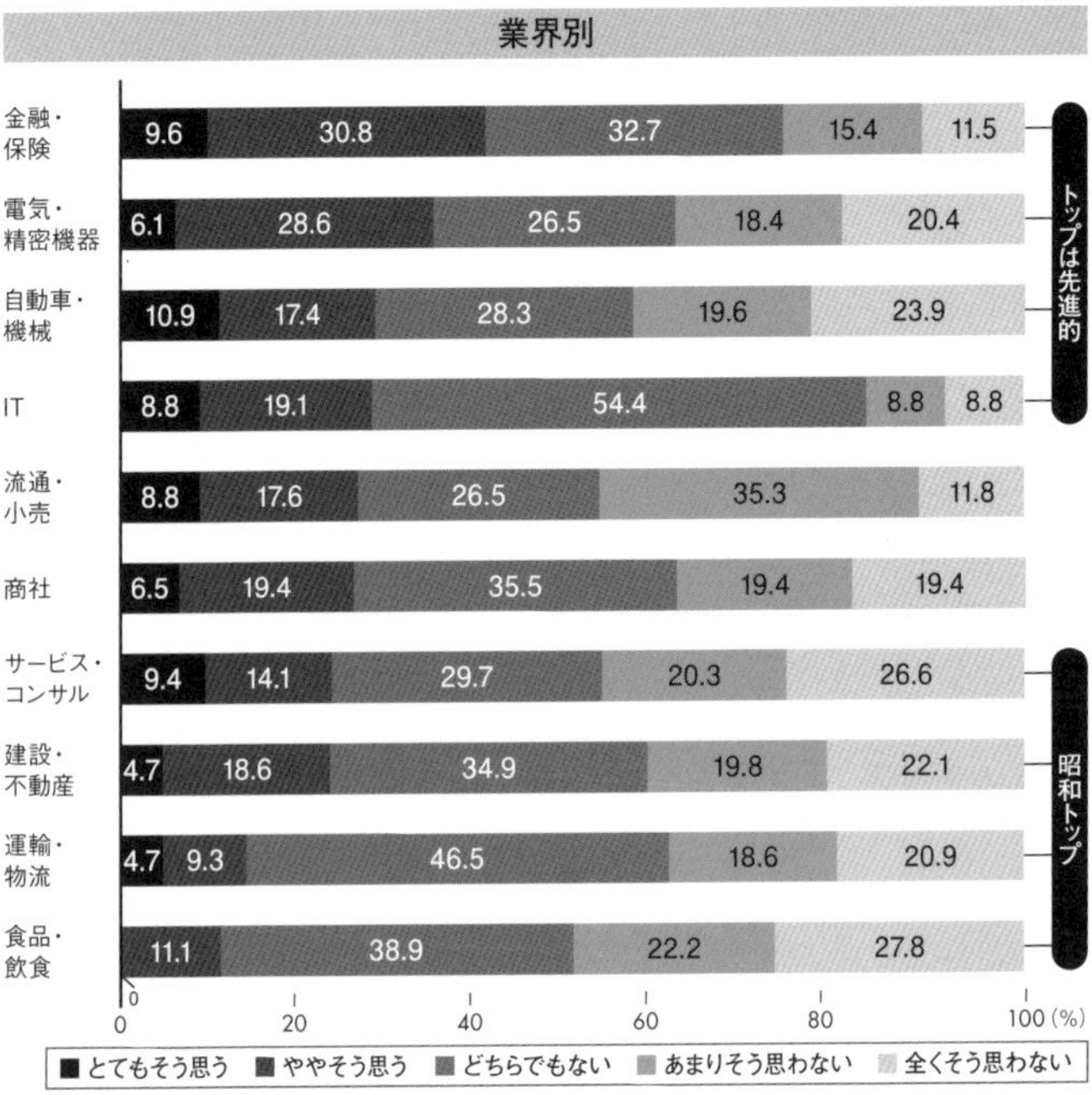

Q2. 経営上の意思決定において、多様な人材の知識や意見が取り入れられている?

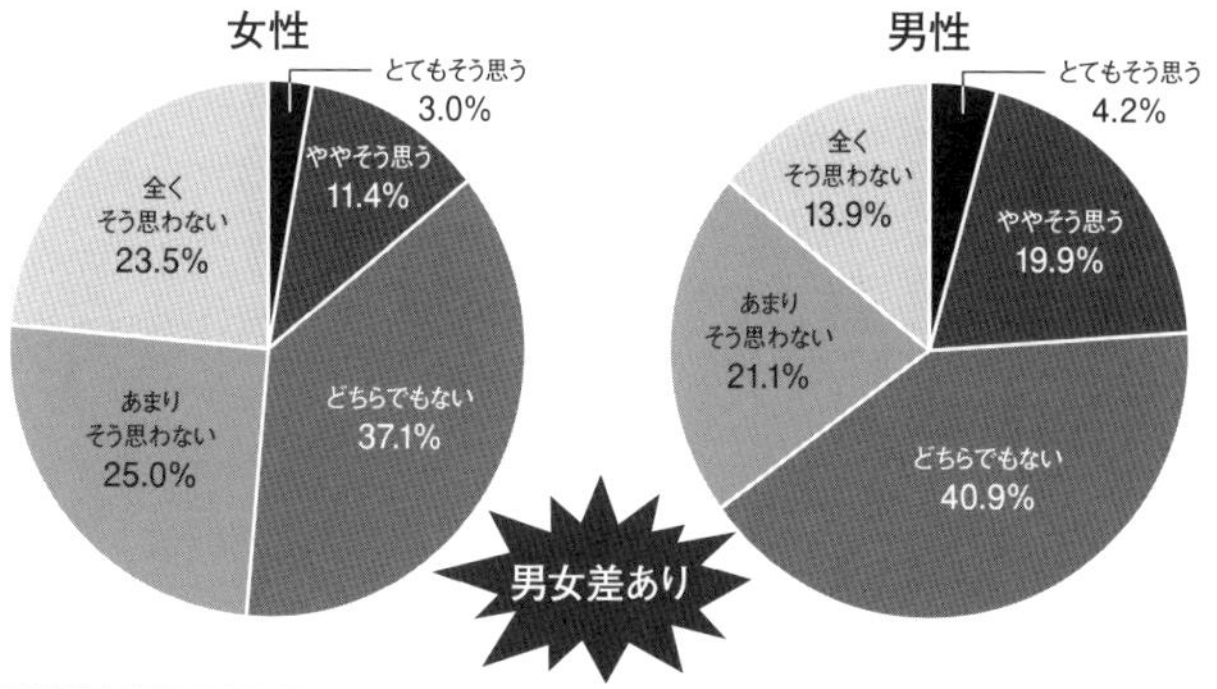
女性
とてもそう思う 3.0%
ややそう思う 11.4%
どちらでもない 37.1%
あまりそう思わない 25.0%
全くそう思わない 23.5%
男性
とてもそう思う 4.2%
ややそう思う 19.9%
どちらでもない 40.9%
あまりそう思わない 21.1%
全くそう思わない 13.9%
男女差あり

業界別

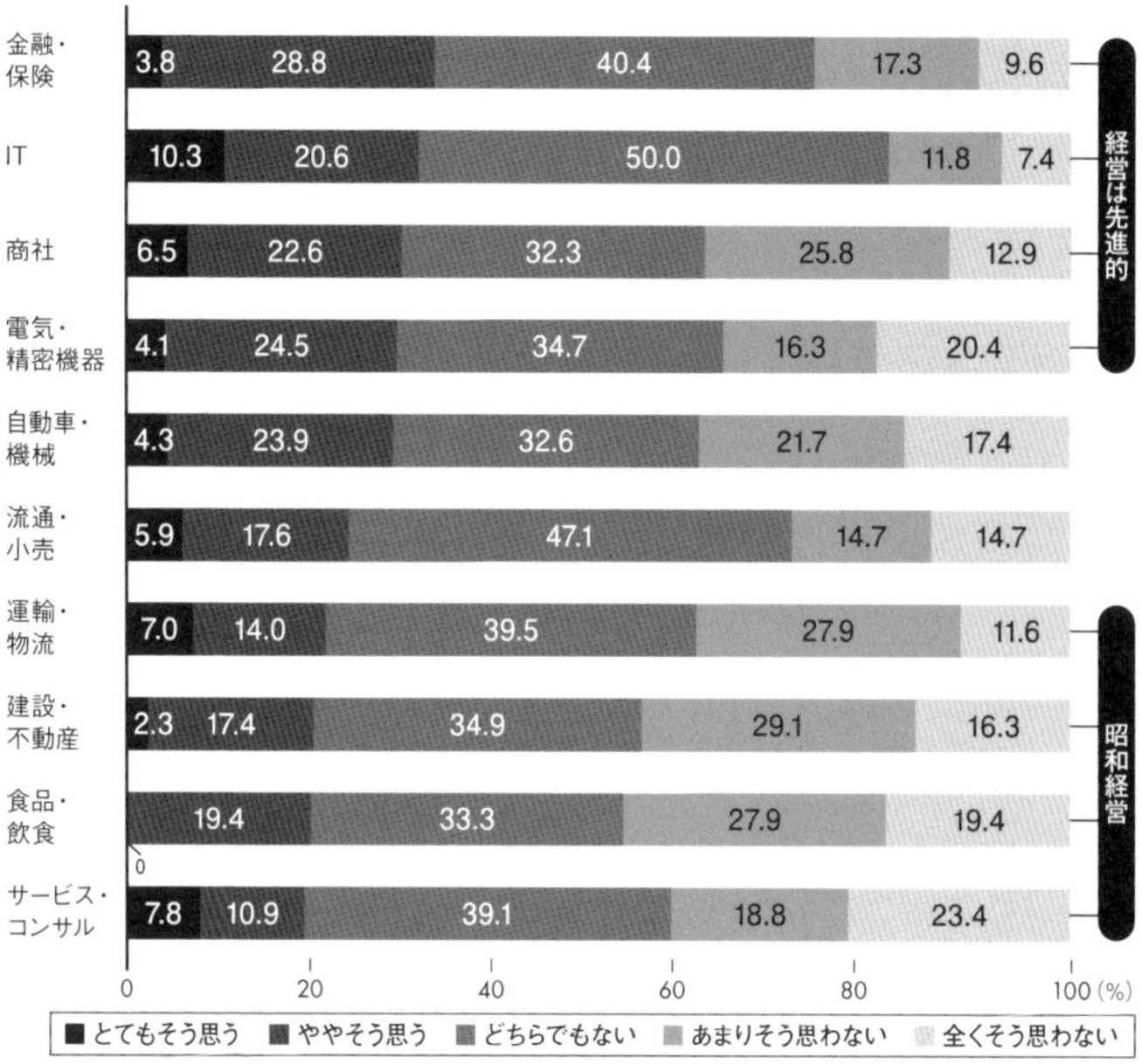
金融・保険 3.8 28.8 40.4 17.3 9.6
IT 10.3 20.6 50.0 11.8 7.4
商社 6.5 22.6 32.3 25.8 12.9
電気・精密機器 4.1 24.5 34.7 16.3 20.4
自動車・機械 4.3 23.9 32.6 21.7 17.4
流通・小売 5.9 17.6 47.1 14.7 14.7
運輸・物流 7.0 14.0 39.5 27.9 11.6
建設・不動産 2.3 17.4 34.9 29.1 16.3
食品・飲食 0 19.4 33.3 27.9 19.4
サービス・コンサル 7.8 10.9 39.1 18.8 23.4
経営は先進的
昭和経営
0 20 40 60 80 100 (%)
とてもそう思う ややそう思う どちらでもない あまりそう思わない 全くそう思わない

Q3. 属性にとらわれない公平な人事評価が行われている？

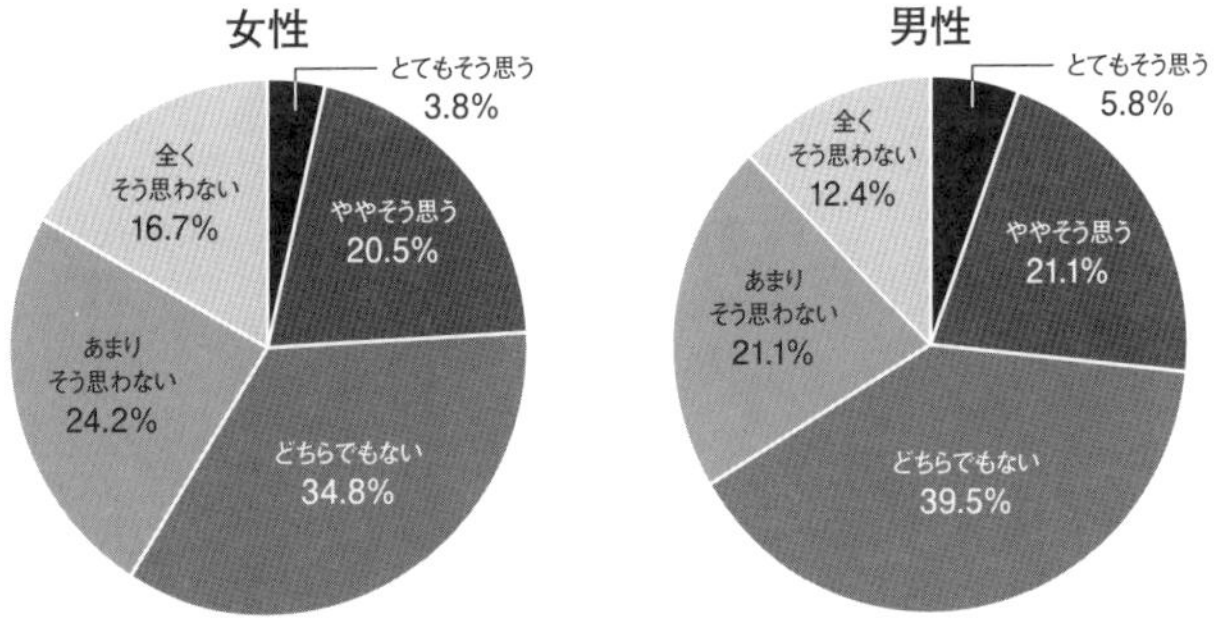
女性
とてもそう思う 3.8%
ややそう思う 20.5%
どちらでもない 34.8%
あまりそう思わない 24.2%
全くそう思わない 16.7%
男性
とてもそう思う 5.8%
ややそう思う 21.1%
どちらでもない 39.5%
あまりそう思わない 21.1%
全くそう思わない 12.4%

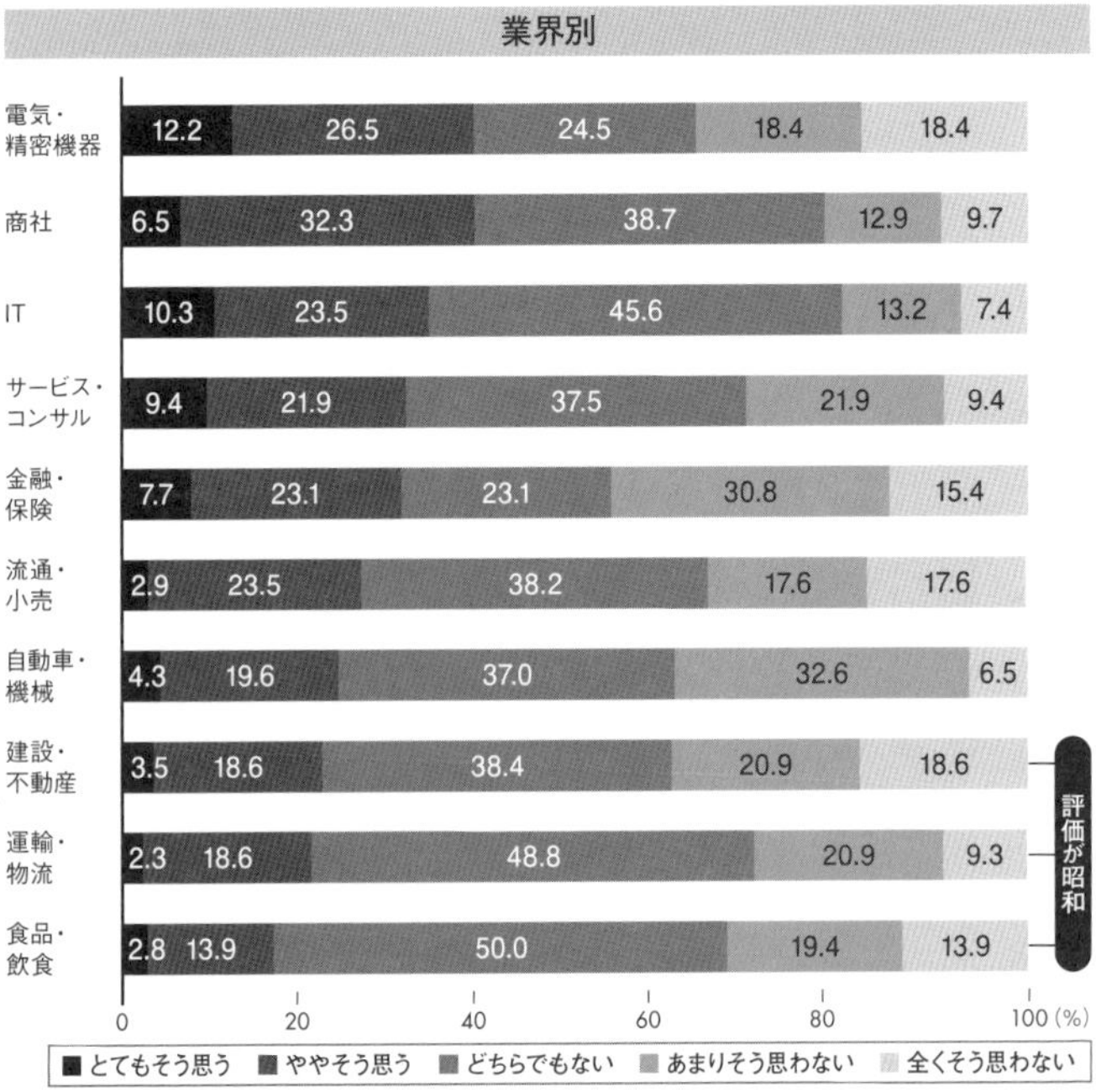
業界別
電気・精密機器 12.2 26.5 24.5 18.4 18.4
商社 6.5 32.3 38.7 12.9 9.7
IT 10.3 23.5 45.6 13.2 7.4
サービス・コンサル 9.4 21.9 37.5 21.9 9.4
金融・保険 7.7 23.1 23.1 30.8 15.4
流通・小売 2.9 23.5 38.2 17.6 17.6
自動車・機械 4.3 19.6 37.0 32.6 6.5
建設・不動産 3.5 18.6 38.4 20.9 18.6
運輸・物流 2.3 18.6 48.8 20.9 9.3
食品・飲食 2.8 13.9 50.0 19.4 13.9
評価が昭和
0 20 40 60 80 100 (%)
とてもそう思う ややそう思う どちらでもない あまりそう思わない 全くそう思わない

Q4. 職域拡大や職制転向などの制度により、属性に関係なくキャリアチャレンジできる環境が整備されている?

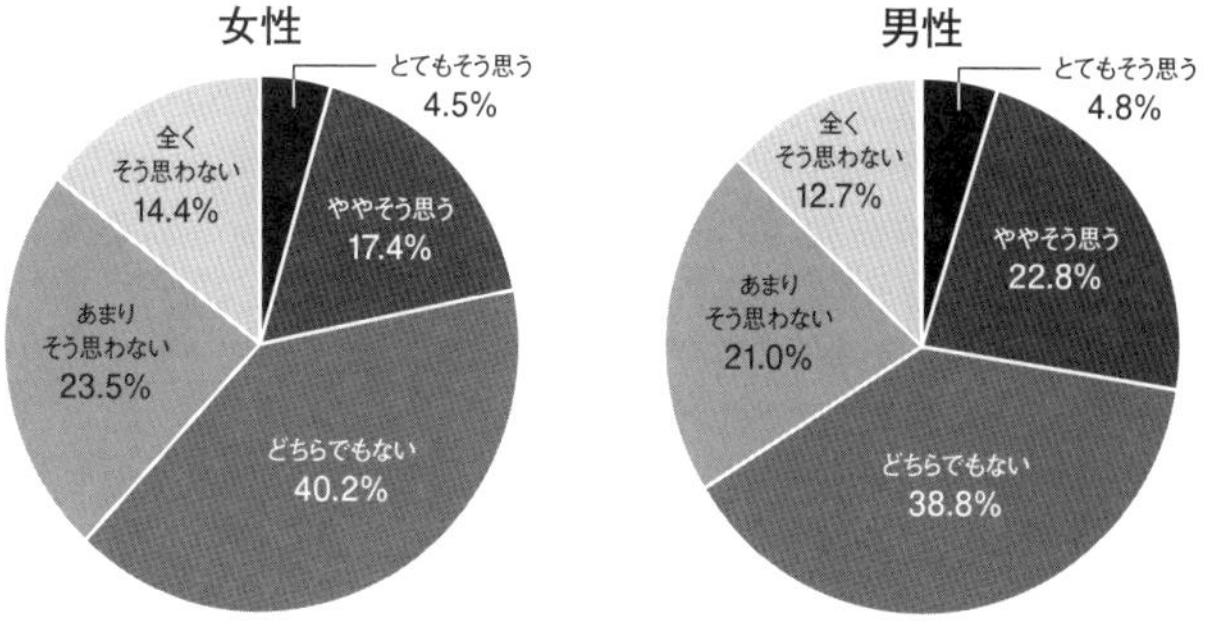

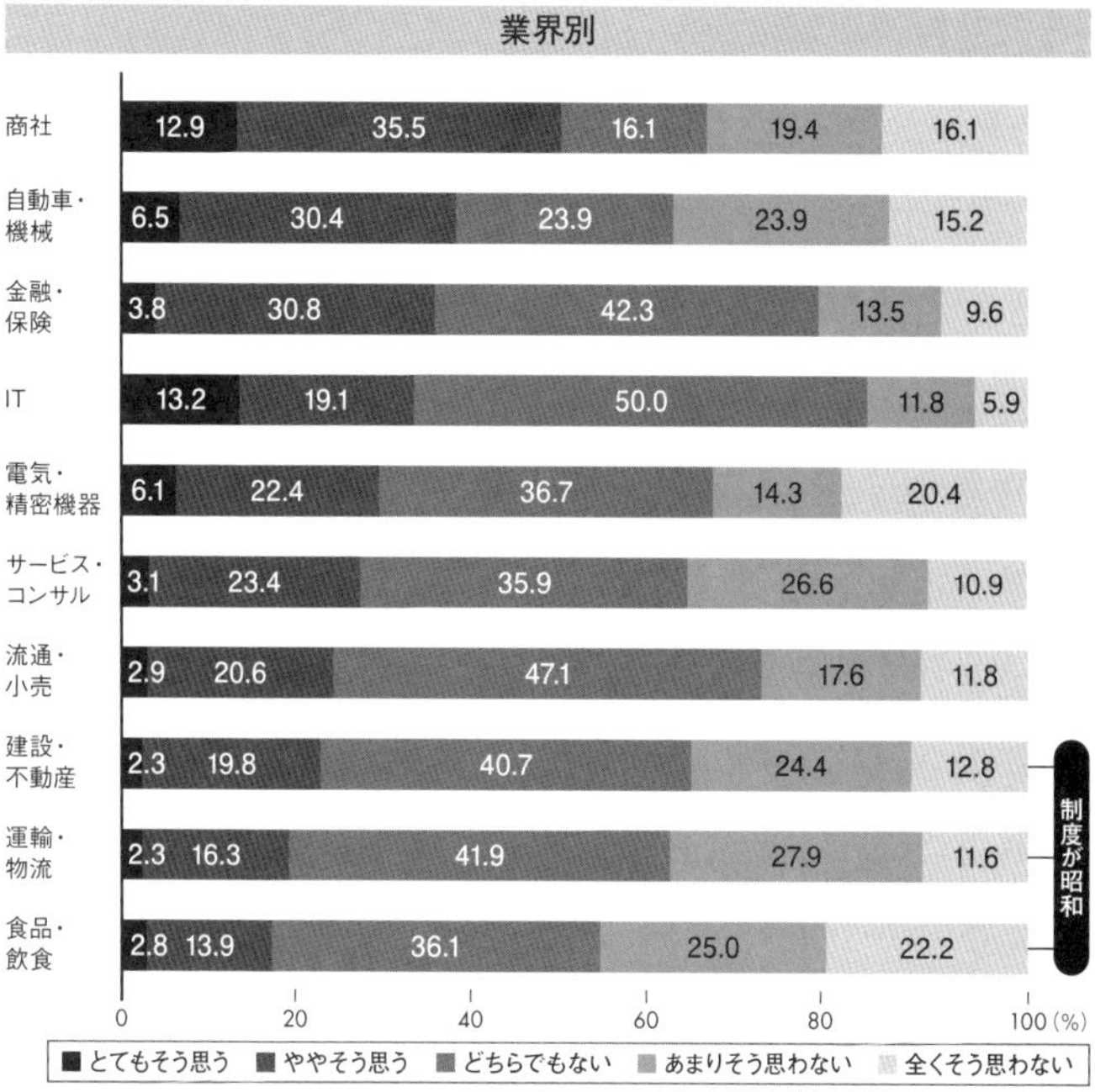

Q5. D&Iについて否定的な言動を行う社員がおり、現場の士気を下げている?

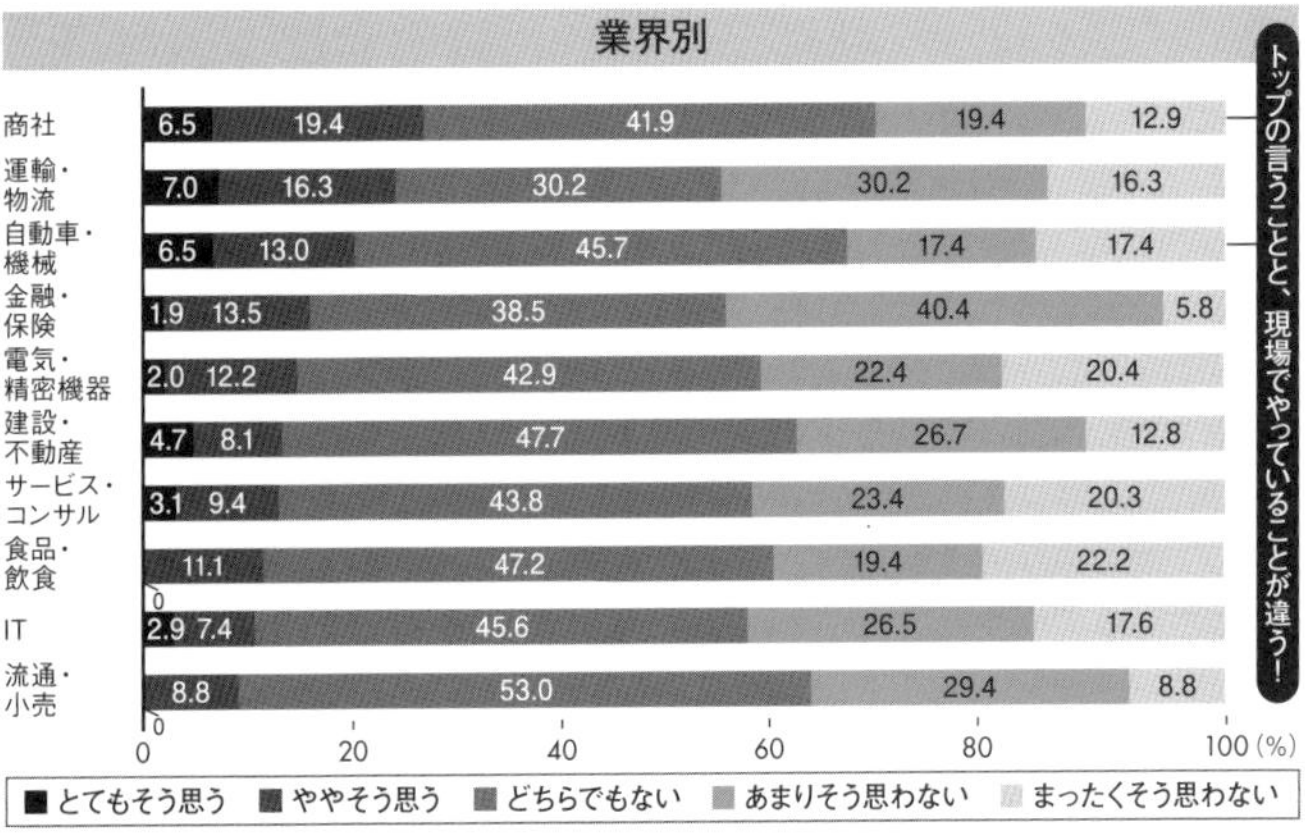

Q6. 批判的な態度で応じたり、理不尽な対応を要求されることがある?

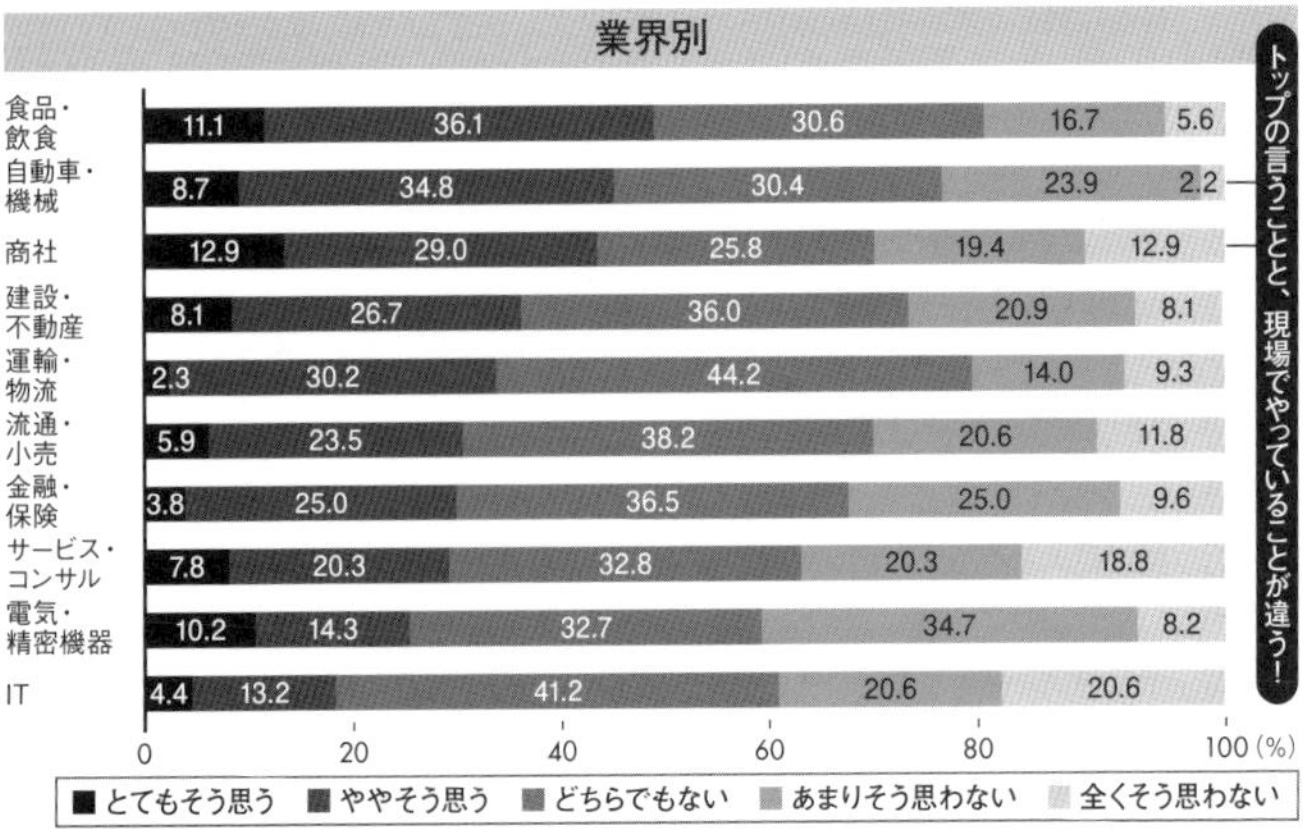

Q7. 両立支援制度（育児、介護）の利用者に対して、周囲の上司や同僚は協力的？

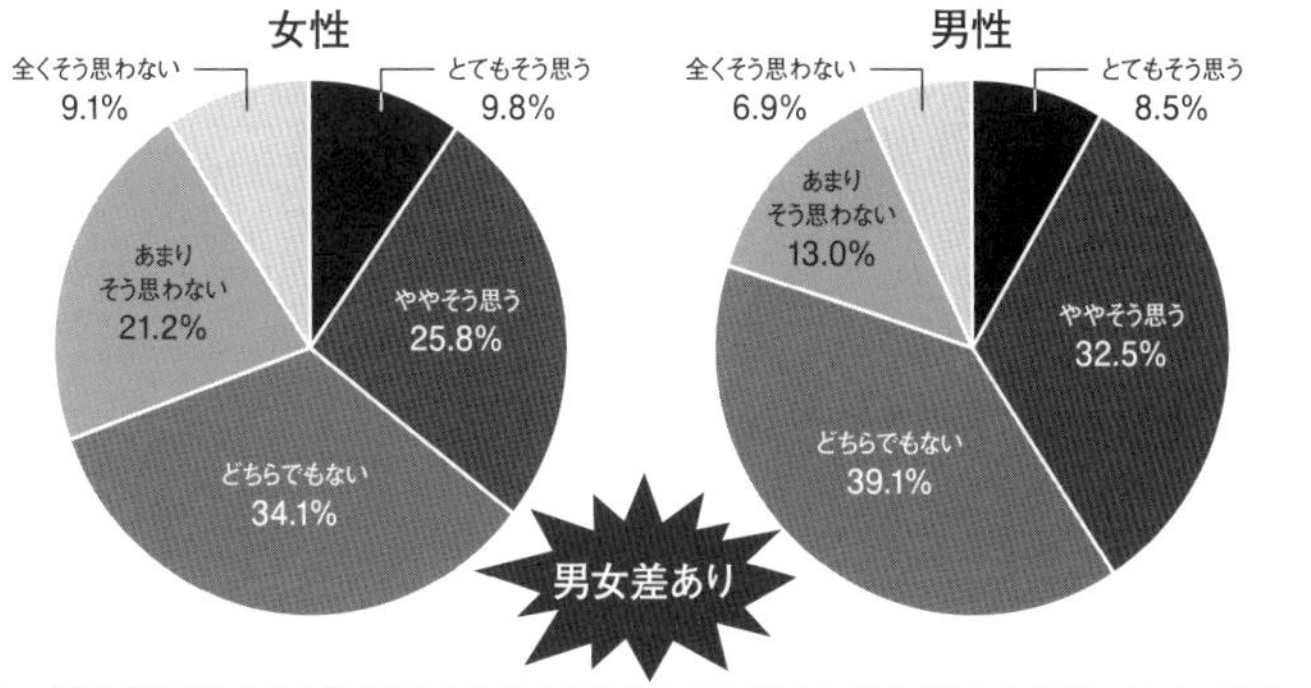
女性
とてもそう思う 9.8%
ややそう思う 25.8%
どちらでもない 34.1%
あまりそう思わない 21.2%
全くそう思わない 9.1%
男性
とてもそう思う 8.5%
ややそう思う 32.5%
どちらでもない 39.1%
あまりそう思わない 13.0%
全くそう思わない 6.9%
男女差あり

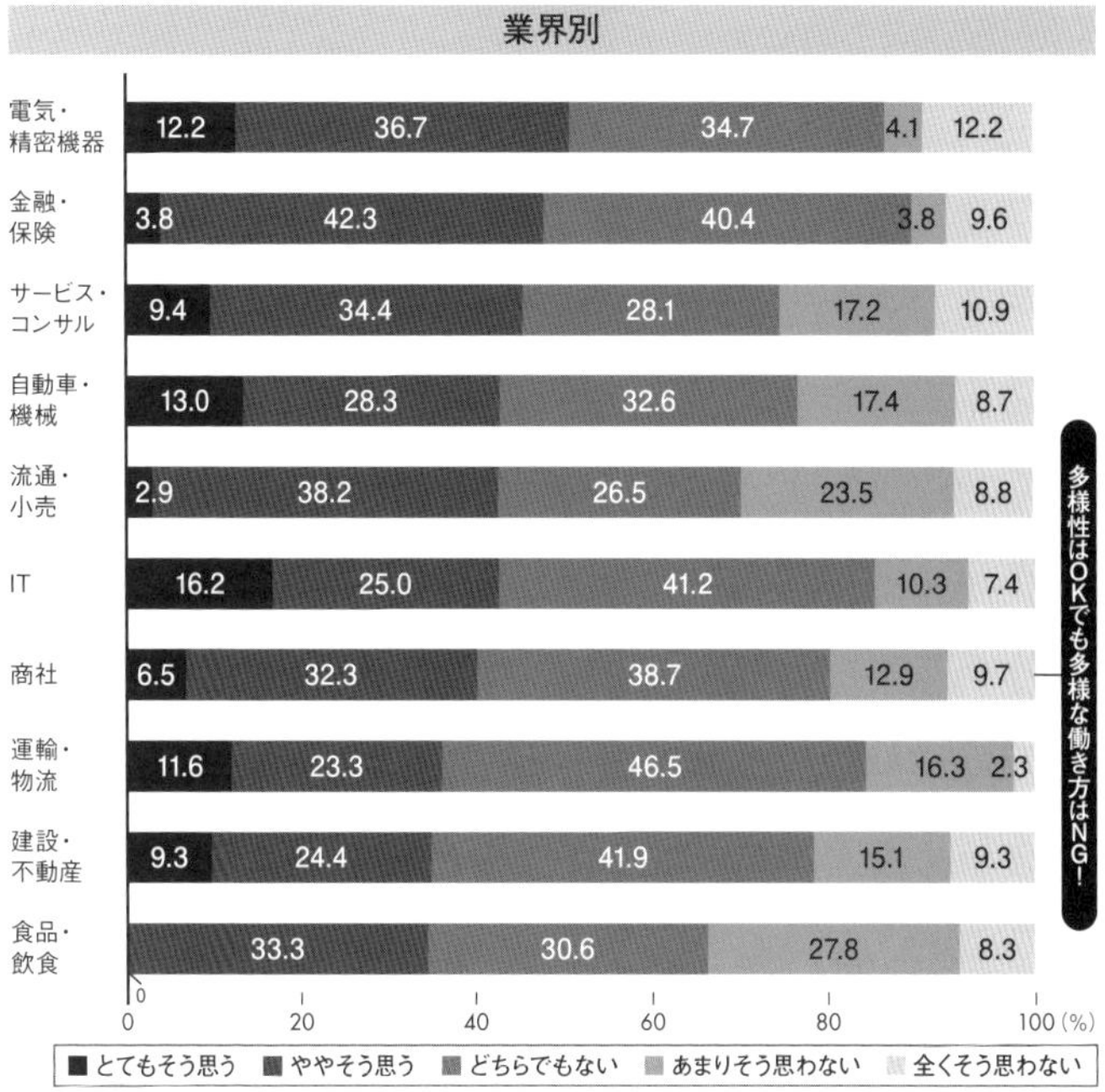
業界別
電気・精密機器 12.2 36.7 34.7 4.1 12.2
金融・保険 3.8 42.3 40.4 3.8 9.6
サービス・コンサル 9.4 34.4 28.1 17.2 10.9
自動車・機械 13.0 28.3 32.6 17.4 8.7
流通・小売 2.9 38.2 26.5 23.5 8.8
IT 16.2 25.0 41.2 10.3 7.4
商社 6.5 32.3 38.7 12.9 9.7
運輸・物流 11.6 23.3 46.5 16.3 2.3
建設・不動産 9.3 24.4 41.9 15.1 9.3
食品・飲食 0 33.3 30.6 27.8 8.3
0 20 40 60 80 100（%）
とてもそう思う ややそう思う どちらでもない あまりそう思わない 全くそう思わない
多様性はOKでも多様な働き方はNG！

Q8. 育児休業制度や介護休業制度を利用することは、キャリアアップの妨げになる?

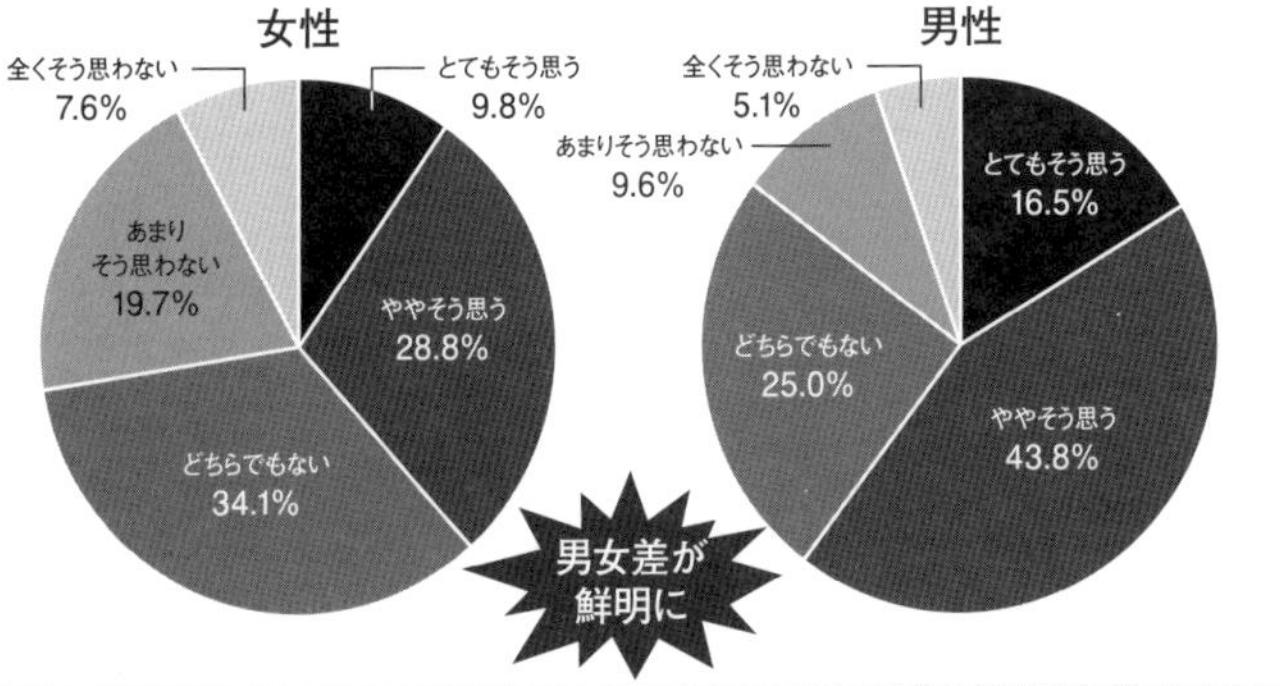

女性
全くそう思わない 7.6%
とてもそう思う 9.8%
あまりそう思わない 19.7%
ややそう思う 28.8%
どちらでもない 34.1%
男性
全くそう思わない 5.1%
あまりそう思わない 9.6%
とてもそう思う 16.5%
どちらでもない 25.0%
ややそう思う 43.8%
男女差が鮮明に

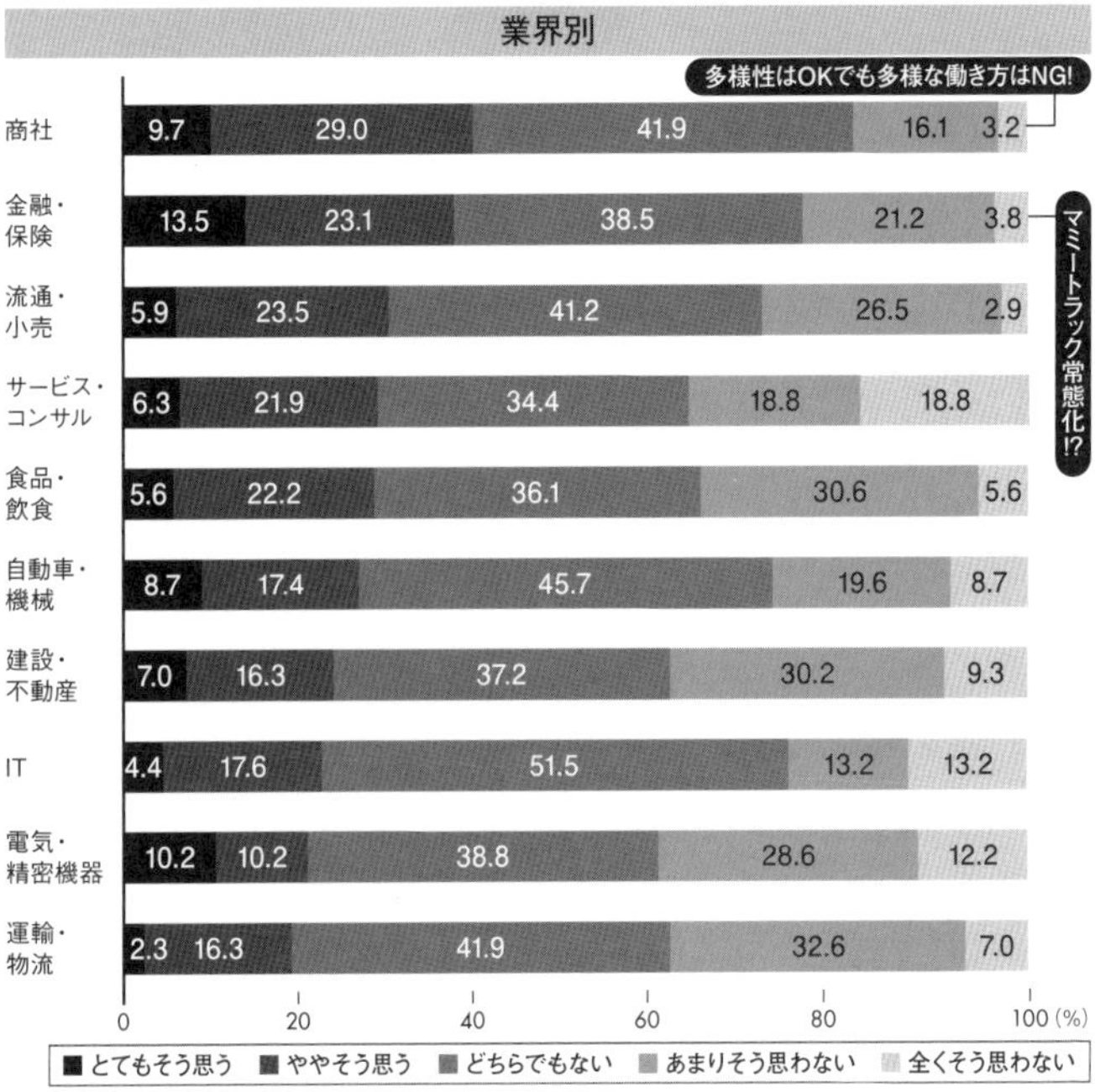

業界別
多様性はOKでも多様な働き方はNG!
マミートラック常態化!?
商社 9.7 29.0 41.9 16.1 3.2
金融・保険 13.5 23.1 38.5 21.2 3.8
流通・小売 5.9 23.5 41.2 26.5 2.9
サービス・コンサル 6.3 21.9 34.4 18.8 18.8
食品・飲食 5.6 22.2 36.1 30.6 5.6
自動車・機械 8.7 17.4 45.7 19.6 8.7
建設・不動産 7.0 16.3 37.2 30.2 9.3
IT 4.4 17.6 51.5 13.2 13.2
電気・精密機器 10.2 10.2 38.8 28.6 12.2
運輸・物流 2.3 16.3 41.9 32.6 7.0
0 20 40 60 80 100 (%)
とてもそう思う ややそう思う どちらでもない あまりそう思わない 全くそう思わない

Q9. 女性部下の昇進意欲が強いと思わない理由は?(複数回答)

女性トップ5	1位	プライベートとの両立が困難	58.3%
	2位	管理職の魅力が伝わってない	33.3%
	2位	男性中心の企業風土	33.3%
	4位	現在の職務に満足している	25.0%
	4位	長時間労働になる	25.0%
男性トップ5	1位	女性全体の昇進意識が低い	47.6%
	2位	プライベートとの両立が困難	37.8%
	3位	現在の職務に満足している	33.6%
	4位	管理職の魅力が伝わってない	30.1%
	5位	長時間労働になる	29.4%

男女でかなり差がついた

Q10. 社内で女性管理職数が増えない要因は?(複数回答)

女性トップ5	1位	男性中心の企業風土	46.2%
	2位	柔軟な働き方(フレックスタイムなど時間の柔軟性)が不足	30.3%
	3位	男性上司の意識の低さ、無理解	27.3%
	3位	給料が仕事に見合わない	27.3%
	5位	女性自身の昇進意識の低さ	26.5%
男性トップ5	1位	男性中心の企業風土	34.6%
	2位	女性自身の昇進意識の低さ	28.1%
	3位	男性上司の意識の低さ、無理解	22.0%
	4位	特にない	21.6%
	5位	給料が仕事に見合わない	19.0%

「オーナー会社はオーナーの好き嫌いがすべて」(50代女性)という声も

男性は「女性の昇進意識が低い」と思い込んでいるが、女性は柔軟な働き方をネックに挙げる

Q11. 女性活躍の推進を含め、D&Iを推進するために、弊害になっているのは？（複数回答）

女性トップ10

1位	給料が仕事に見合わない	37.9%
2位	働き方改革の浸透度の低さ	31.1%
3位	上司の意識の低さ、無理解	28.0%
4位	ミドルシニア男性中心の意思決定	24.2%
5位	制度の不足	22.0%
6位	グローバル意識の低さ	17.4%
6位	特にない	17.4%
8位	マジョリティ中心の企業風土	16.7%
9位	マジョリティ社員の意識の低さ	15.2%
10位	転勤の多さ	8.3%

男性トップ10

1位	上司の意識の低さ、無理解	28.0%
2位	特にない	26.9%
3位	給料が仕事に見合わない	23.7%
4位	ミドルシニア男性中心の意思決定	19.2%
5位	グローバル意識の低さ	18.7%
6位	働き方改革の浸透度の低さ	18.4%
7位	マジョリティ中心の企業風土	16.0%
7位	制度の不足	16.0%
9位	マジョリティ社員の意識の低さ	14.5%
10位	転勤の多さ	6.6%

女性は「名より実を取る」？

「個人のスキルの問題」（40代男性）

「昇進を望まない女性が多い」（50代男性）

「まわりの負担が明らかに増えている」（50代男性）

中高年男性のホンネは「女性が悪い」

Q12. 仕事と育児の両立がうまくいかない原因は？(複数回答)

女性トップ5

1位	緊急時に業務を引き継ぐ担当者がいない	41.7%
2位	育児のための年休・早退を取得しづらい	36.4%
3位	上司の理解を得づらい	33.3%
4位	同僚の理解を得づらい	30.3%
5位	残業がある	22.7%

男性トップ5

1位	緊急時に業務を引き継ぐ担当者がいない	32.2%
2位	特にない	27.4%
3位	上司の理解を得づらい	26.0%
4位	育児のための年休・早退を取得しづらい	25.3%
5位	同僚の理解を得づらい	23.2%

仕事の属人化が両立を阻む！

「仕事や育児は男女とも平等に行うものだという意識がない」(40代男性)

「無給の清掃までがコアタイム（〜19：00）とされている」(50代女性)

「家庭労働は女性」という価値観や非合理な社会風土

「夫の育児や家事参加意識が低い」(50代女性)

筆者紹介

木下明子（きのした・あきこ）

『プレジデント ウーマン』編集長。1996年、早稲田大学第一文学部卒業後、プレジデント社入社、『dancyu』編集部配属。2003年に退社、ブリティッシュコロンビア大学アジア太平洋政策大学院（カナダ）に留学。2005年5月同大学院修了、6月よりプレジデント社に再入社し、『プレジデント』編集部配属。2013年より『プレジデント』副編集長。2017年『プレジデント ウーマン』副編集長、2018年1月より編集長就任。キャリア女性向けの商品開発、ダイバーシティ関連の研修や講演も多数手掛ける。1児の母。中国語と英語に堪能。

図解！　ダイバーシティの教科書

2023年2月1日　第1刷発行

著　者　木下明子
発行者　鈴木勝彦
発行所　株式会社プレジデント社
〒102-8641 東京都千代田区平河町2-16-1
平河町森タワー13階
https://president.jp
https://presidentstore.jp
電話　編集 (03) 3237-3732
販売 (03) 3237-3731

装　丁　秦 浩司
図版作成　室井明浩（STUDIO EYE'S）
編　集　池田純子
校　正　柳元順子
販　売　桂木栄一　高橋 徹　川井田美景　森田 巌　末吉秀樹　花坂 稔
榛村光哲
制　作　小池 哉
印刷・製本　株式会社ダイヤモンド・グラフィック社

ISBN 978-4-8334-5222-9
Printed in Japan